PREFÁCIO

A coleção de frases de viagem "Vai tudo correr bem!" publicada pela T&P Books é concebida para pessoas que vão ao estrangeiro em viagens de turismo e negócios. Os livros de frases contêm o que é mais importante - o essencial para uma comunicação básica. Este é um conjunto indispensável de frases para "sobreviver" no estrangeiro.

Este Guia de Conversação irá ajudá-lo na maioria das situações em que precise de perguntar alguma coisa, obter direções, saber quanto custa algo, etc. Pode também resolver situações de difícil comunicação onde os gestos simplesmente não ajudam.

Este livro contém uma série de frases que foram agrupadas de acordo com os tópicos mais relevantes. Uma secção separada do livro também fornece um pequeno dicionário com mais de 1.500 palavras importantes e úteis.

Leve consigo para a estrada o Guia de Conversação "Vai tudo correr bem!" e terá um companheiro de viagem insubstituível, que irá ajudá-lo a encontrar o seu caminho em qualquer situação e ensiná-lo a não recear falar com estrangeiros.

TABELA DE CONTEÚDOS

T&P Books Publishing

T&P Books Publishing

GUIA DE CONVERSAÇÃO
— FINLANDÊS —

AS PALAVRAS E AS FRASES MAIS ÚTEIS

Este guia de conversação
contém frases e perguntas
comuns essenciais para uma
comunicação básica
com estrangeiros

Andrey Taranov

TgP BOOKS

Frases + dicionário de 1500 palavras

Guia de Conversação Português-Finlandês e dicionário conciso 1500 palavras

Por Andrey Taranov

A coleção de frases de viagem "Vai tudo correr bem!" publicada pela T&P Books é concebida para pessoas que vão ao estrangeiro em viagens de turismo e negócios. Os livros de frases contêm o que é mais importante - o essencial para uma comunicação básica. Este é um conjunto indispensável de frases para "sobreviver" no estrangeiro.

Outra secção do livro também fornece um pequeno dicionário com mais de 1.500 palavras úteis, organizadas por ordem alfabética. O dicionário inclui muitos termos gastronômicos e será útil quando pedir comida num restaurante ou comprar alimentos numa loja.

Editora T&P Books
www.tpbooks.com

ISBN: 978-1-78492-593-2

Este livro também está disponível em formato E-book.
Por favor visite www.tpbooks.com ou as principais livrarias on-line.

PRONÚNCIA

Letra	Exemplo Finlandês	Alfabeto fonético T&P	Exemplo Português
A a	Avara	[ɑ]	chamar
B b	Bussi	[b]	barril
C c	C-rappu	[s]	sanita
D d	Kadulla	[d]	dentista
E e	Pelto	[e]	metal
F f	Filmi	[f]	safári
G g	Jooga	[g]	gosto
H h	Hattu	[h]	[h] aspirada
I i	Piha	[i]	sinónimo
J j	Juna	[j]	géiser
K k	Katu	[k]	kiwi
L l	Lapio	[l]	libra
M m	Muna	[m]	magnólia
N n	Nainen	[n]	natureza
O o	Kova	[o]	lobo
P p	Papin	[p]	presente
R r	Ruoka	[r]	riscar
S s	Suosio	[s]	sanita
T t	Tapa	[t]	tulipa
U u	Uni	[u]	bonita
V v	Vaaka	[ʊ]	fava
Y y	Tyttö	[y]	questionar
Z z	Fazer	[ts]	tsé-tsé
Ä ä	Älä	[æ]	semana
Ö ö	Pöllö	[ø]	orgulhoso

Ditongos

ää	Ihmetyttää	[æ:]	primavera
öö	Miljardööri	[ø:]	orgulhoso
aa	Notaari	[a:]	rapaz
ii	Poliisi	[i:]	cair
oo	Koomikko	[o:]	albatroz

Letra	Exemplo Finlandês	Alfabeto fonético T&P	Exemplo Português
uu	Nojapuut	[u:]	blusa
yy	Flyygeli	[y:]	vermelho

LISTA DE ABREVIATURAS

Abreviaturas do Português

adj	-	adjetivo
adv	-	advérbio
anim.	-	animado
conj.	-	conjunção
desp.	-	desporto
etc.	-	etecetra
ex.	-	por exemplo
f	-	nome feminino
f pl	-	feminino plural
fem.	-	feminino
inanim.	-	inanimado
m	-	nome masculino
m pl	-	masculino plural
m, f	-	masculino, feminino
masc.	-	masculino
mat.	-	matemática
mil.	-	militar
pl	-	plural
prep.	-	preposição
pron.	-	pronome
sb.	-	sobre
sing.	-	singular
v aux	-	verbo auxiliar
vi	-	verbo intransitivo
vi, vt	-	verbo intransitivo, transitivo
vp	-	verbo pronominal
vt	-	verbo transitivo

T&P BOOKS

GUIA DE CONVERSAÇÃO FINLANDÊS

Esta secção contém frases
importantes que podem vir
a ser úteis em várias
situações da vida real.
O Guia de Conversação irá
ajudá-lo a pedir orientações,
esclarecer um preço,
comprar bilhetes e pedir
comida num restaurante

T&P Books Publishing

CONTEÚDO DO GUIA DE CONVERSAÇÃO

T&P Books Publishing

Desculpe, ...	**Anteeksi, ...** [ante:ksi, ...]
Olá!	**Hei.** [hej]
Obrigado /Obrigada/.	**Kiitos.** [ki:tos]
Adeus.	**Näkemiin.** [nækemi:n]
Sim.	**Kyllä.** [kyllæ]
Não.	**Ei.** [ej]
Não sei.	**En tiedä.** [en tiedæ]
Onde? | Para onde? | Quando?	**Missä? | Minne? | Milloin?** [missæ? | minne? | millojn?]

Preciso de ...	**Tarvitsen ...** [tarʋitsen ...]
Eu queria ...	**Haluan ...** [haluɑn ...]
Tem ...?	**Onko sinulla ...?** [oŋko sinulla ...?]
Há aqui ...?	**Onko täällä ...?** [oŋko tæ:llæ ...?]
Posso ...?	**Voinko ...?** [vojŋko ...?]
..., por favor	**..., kiitos** [..., ki:tos]

Estou à procura de ...	**Etsin ...** [etsin ...]
casa de banho	**WC** [ʋɛsɛ]
Multibanco	**pankkiautomaatti** [paŋkkiautomɑ:tti]
farmácia	**apteekki** [apte:kki]
hospital	**sairaala** [sɑjrɑ:lɑ]
esquadra de polícia	**poliisiasema** [poli:siasemɑ]
metro	**metro** [metro]

táxi	**taksi** [taksi]
estação de comboio	**rautatieasema** [rautatieasema]

Chamo-me ...	**Nimeni on ...** [nimeni on ...]
Como se chama?	**Mikä sinun nimesi on?** [mikæ sinun nimesi on?]
Pode-me dar uma ajuda?	**Voisitko auttaa minua?** [vojsitko autta: minua?]
Tenho um problema.	**Minulla on ongelma.** [minulla on oŋgelma]
Não me sinto bem.	**En voi hyvin.** [en ʋoj hyʋin]
Chame a ambulância!	**Soita ambulanssi!** [sojta ambulanssi!]
Posso fazer uma chamada?	**Voisinko soittaa?** [vojsiŋko sojtta:?]

Desculpe.	**Olen pahoillani.** [olen pahojllani]
De nada.	**Ole hyvä.** [ole hyʋæ]

eu	**minä	mä** [minæ	mæ]
tu	**sinä	sä** [sinæ	sæ]
ele	**hän	se** [hæn	se]
ela	**hän	se** [hæn	se]
eles	**he	ne** [he	ne]
elas	**he	ne** [he	ne]
nós	**me** [me]
vocês	**te** [te]
você	**sinä** [sinæ]

ENTRADA	**SISÄÄN** [sisæ:n]
SAÍDA	**ULOS** [ulos]
FORA DE SERVIÇO	**EPÄKUNNOSSA** [epækunnossa]
FECHADO	**SULJETTU** [suljettu]

ABERTO

AVOIN
[avojn]

PARA SENHORAS

NAISILLE
[najsille]

PARA HOMENS

MIEHILLE
[miehille]

Perguntas

Onde?	**Missä?** [missæ?]
Para onde?	**Mihin?** [mihin?]
De onde?	**Mistä?** [mistæ?]
Porquê?	**Miksi?** [miksi?]
Porque razão?	**Mistä syystä?** [mistæ sy:stæ?]
Quando?	**Milloin?** [millojn?]

Quanto tempo?	**Kuinka kauan?** [kujŋka kauan?]
A que horas?	**Mihin aikaan?** [mihin ajka:n?]
Quanto?	**Kuinka paljon?** [kujŋka paljon?]
Tem ...?	**Onko sinulla ...?** [oŋko sinulla ...?]
Onde fica ...?	**Missä on ...?** [missæ on ...?]

Que horas são?	**Paljonko kello on?** [paljoŋko kello on?]
Posso fazer uma chamada?	**Voisinko soittaa?** [vojsiŋko sojtta:?]
Quem é?	**Kuka siellä?** [kuka siellæ?]
Posso fumar aqui?	**Saako täällä polttaa?** [sa:ko tæ:llæ poltta:?]
Posso ...?	**Saanko ...?** [sa:ŋko ...?]

Necessidades

Eu gostaria de ...	**Haluaisin ...** [haluajsin ...]
Eu não quero ...	**En halua ...** [en halua ...]
Tenho sede.	**Minulla on jano.** [minulla on jano]
Eu quero dormir.	**Haluan nukkua.** [haluan nukkua]
Eu queria ...	**Haluan ...** [haluan ...]
lavar-me	**peseytyä** [peseytyæ]
escovar os dentes	**harjata hampaani** [harjata hampa:ni]
descansar um pouco	**levätä vähän** [leuætæ uæhæn]
trocar de roupa	**vaihtaa vaatteet** [uajhta: ua:tte:t]
voltar ao hotel	**palata takaisin hotelliin** [palata takajsin hotelli:n]
comprar ...	**ostaa ...** [osta: ...]
ir para ...	**mennä ...** [mennæ ...]
visitar ...	**käydä ...** [kæydæ ...]
encontrar-me com ...	**tavata ...** [tauata ...]
fazer uma chamada	**soittaa ...** [sojtta: ...]
Estou cansado /cansada/.	**Olen väsynyt.** [olen uæsynyt]
Nós estamos cansados /cansadas/.	**Olemme väsyneitä.** [olemme uæsynejtæ]
Tenho frio.	**Minulla on kylmä.** [minulla on kylmæ]
Tenho calor.	**Minulla on kuuma.** [minulla on ku:ma]
Estou bem.	**Voin hyvin.** [vojn hyuin]

Preciso de telefonar.

Minun täytyy soittaa yksi puhelu.
[minun tæyty: sojttɑ: yksi puhelu]

Preciso de ir à casa de banho.

Minun täytyy mennä vessaan.
[minun tæyty: mennæ ʋessɑ:n]

Tenho de ir.

Minun täytyy lähteä.
[minun tæyty: ʎæhteæ]

Tenho de ir agora.

Minun täytyy lähteä nyt.
[minun tæyty: ʎæhteæ nyt]

Perguntando por direções

Desculpe, ...	**Anteeksi, ...** [ante:ksi, ...]
Onde fica ...?	**Missä on ...?** [missæ on ...?]
Para que lado fica ...?	**Miten pääsen ...?** [miten pæ:sen ...?]
Pode-me dar uma ajuda?	**Voisitko auttaa minua?** [vojsitko autta: minua?]

Estou à procura de ...	**Etsin ...** [etsin ...]
Estou à procura da saída.	**Etsin uloskäyntiä.** [etsin uloskæyntiæ]
Eu vou para ...	**Menen ...** [menen ...]
Estou a ir bem para ...?	**Onko tämä oikea tie ...?** [oŋko tæmæ ojkea tie ...?]

Fica longe?	**Onko se kaukana?** [oŋko se kaukana?]
Posso ir até lá a pé?	**Voiko sinne kävellä?** [vojko sinne kæuellæ?]
Pode-me mostrar no mapa?	**Voitko näyttää minulle kartalta?** [vojtko næyttæ: minulle kartalta?]
Mostre-me onde estamos de momento.	**Voitko näyttää, missä me olemme nyt.** [vojtko næyttæ:, missæ me olemme nyt]

Aqui	**Täällä** [tæ:llæ]
Ali	**Siellä** [siellæ]
Por aqui	**Tännepäin.** [tænnepæjn]

Vire à direita.	**Käänny oikealle.** [kæ:nny ojkealle]
Vire à esquerda.	**Käänny vasemmalle.** [kæ:nny uasemmalle]
primeira (segunda, terceira) curva	**ensimmäinen (toinen, kolmas) käännös** [ensimmæjnen (tojnen, kolmas) kæ:nnøs]
para a direita	**oikealle** [ojkealle]

para a esquerda

vasemmalle
[ʋɑsemmɑlle]

Vá sempre em frente.

Mene suoraan eteenpäin.
[mene suorɑ:n ete:npæjn]

Sinais

BEM-VINDOS!	**TERVETULOA!** [tervetuloa!]
ENTRADA	**SISÄÄN** [sisæ:n]
SAÍDA	**ULOS** [ulos]

EMPURRAR	**TYÖNNÄ** [työnnæ]
PUXAR	**VEDÄ** [vedæ]
ABERTO	**AVOIN** [avojn]
FECHADO	**SULJETTU** [suljettu]

PARA SENHORAS	**NAISILLE** [nɑjsille]
PARA HOMENS	**MIEHILLE** [miehille]
HOMENS, CAVALHEIROS (M)	**MIEHET** [miehet]
SENHORAS (F)	**NAISET** [nɑjset]

DESCONTOS	**MYYNTI** [my:nti]
SALDOS	**ALE** [ale]
GRATUITO	**ILMAINEN** [ilmɑjnen]
NOVIDADE!	**UUTUUS!** [u:tu:s!]
ATENÇÃO!	**HUOMIO!** [huomio!]

NÃO HÁ VAGAS	**TÄYNNÄ** [tæynnæ]
RESERVADO	**VARATTU** [varattu]
ADMINISTRAÇÃO	**HALLINTOHENKILÖSTÖ** [hallintoheŋkilöstö]
ACESSO RESERVADO	**VAIN HENKILÖKUNTA** [vɑjn heŋkilökunta]

CUIDADO COM O CÃO	**VARO KOIRAA!** [varo kojra:!]
NÃO FUMAR!	**TUPAKOINTI KIELLETTY!** [tupakojnti kielletty!]
NÃO MEXER!	**ÄLÄ KOSKE!** [æʎæ koske!]
PERIGOSO	**VAARALLINEN** [va:rallinen]
PERIGO	**VAARA** [va:ra]
ALTA TENSÃO	**KORKEAJÄNNITE** [korkeajænnite]
PROIBIDO NADAR	**UIMINEN KIELLETTY!** [ujminen kielletty!]

FORA DE SERVIÇO	**EPÄKUNNOSSA** [epækunnossa]
INFLAMÁVEL	**HELPOSTI SYTTYVÄ** [helposti syttyvæ]
PROIBIDO	**KIELLETTY** [kielletty]
PASSAGEM PROIBIDA	**LÄPIKULKU KIELLETTY** [llæpikulku kielletty]
PINTADO DE FRESCO	**VASTAMAALATTU** [vastama:lattu]

FECHADO PARA OBRAS	**SULJETTU REMONTIN VUOKSI** [suljettu remontin vuoksi]
TRABALHOS NA VIA	**TIETYÖ** [tietyö]
DESVIO	**KIERTOTIE** [kiertotie]

Transportes. Frases gerais

avião	**lentokone** [lentokone]
comboio	**juna** [junɑ]
autocarro	**bussi** [bussi]
ferri	**lautta** [lɑutta]
táxi	**taksi** [tɑksi]
carro	**auto** [ɑuto]

horário	**aikataulu** [ɑjkɑtɑulu]
Onde posso ver o horário?	**Missä voisin nähdä aikataulun?** [missæ ʋojsin næhdæ ɑjkɑtɑulun?]
dias de trabalho	**arkipäivät** [ɑrkipæjʋæt]
fins de semana	**viikonloput** [ʋi:konloput]
férias	**pyhäpäivät** [pyhæpæjʋæt]

PARTIDA	**LÄHTEVÄT** [ʎæhtevæt]
CHEGADA	**SAAPUVAT** [sa:puvat]
ATRASADO	**MYÖHÄSSÄ** [myöhæssæ]
CANCELADO	**PERUUTETTU** [peru:tettu]

próximo (comboio, etc.)	**seuraava** [seurɑ:ʋɑ]
primeiro	**ensimmäinen** [ensimmæjnen]
último	**viimeinen** [ʋi:mejnen]

Quando é o próximo ...?	**Milloin on seuraava ...?** [millojn on seurɑ:ʋɑ ...?]
Quando é o primeiro ...?	**Milloin on ensimmäinen ...?** [millojn on ensimmæjnen ...?]

Quando é o último ...?	**Milloin on viimeinen ...?** [millojn on ʋiːmejnen ...?]
transbordo	**vaihto** [ʋɑjhto]
fazer o transbordo	**vaihtaa** [ʋɑjhtɑː]
Preciso de fazer o transbordo?	**Täytyykö minun tehdä vaihto?** [tæytyːkø minun tehdæ ʋɑjhto?]

Comprando bilhetes

Onde posso comprar bilhetes?	**Mistä voin ostaa lippuja?** [mistæ uojn osta: lippujɑ?]
bilhete	**lippu** [lippu]
comprar um bilhete	**ostaa lippu** [osta: lippu]
preço do bilhete	**lipun hinta** [lipun hintɑ]
Para onde?	**Mihin?** [mihin?]
Para que estação?	**Mille asemalle?** [mille ɑsemɑlle?]
Preciso de ...	**Tarvitsen ...** [tɑruitsen ...]
um bilhete	**yhden lipun** [yhden lipun]
dois bilhetes	**kaksi lippua** [kɑksi lippuɑ]
três bilhetes	**kolme lippua** [kolme lippuɑ]
só de ida	**menolippu** [menolippu]
de ida e volta	**menopaluu** [menopɑlu:]
primeira classe	**ensimmäinen luokka** [ensimmæjnen luokkɑ]
segunda classe	**toinen luokka** [tojnen luokkɑ]
hoje	**tänään** [tænæ:n]
amanhã	**huomenna** [huomennɑ]
depois de amanhã	**ylihuomenna** [ylihuomennɑ]
de manhã	**aamulla** [ɑ:mullɑ]
à tarde	**iltapäivällä** [iltɑpæjuællæ]
ao fim da tarde	**illalla** [illɑllɑ]

lugar de corredor	**käytäväpaikka** [kæytæʊæpɑjkkɑ]
lugar à janela	**ikkunapaikka** [ikkunɑpɑjkkɑ]
Quanto?	**Kuinka paljon?** [kujŋkɑ pɑljon?]
Posso pagar com cartão de crédito?	**Voinko maksaa luottokortilla?** [vojŋko mɑksɑ: luottokortillɑ?]

Autocarro

autocarro	**bussi** [bussi]
camioneta (autocarro interurbano)	**linja-auto** [linja-auto]
paragem de autocarro	**bussipysäkki** [bussipysækki]
Onde é a paragem de autocarro mais perto?	**Missä on lähin bussipysäkki?** [missæ on ʎæhin bussipysækki?]
número	**numero** [numero]
Qual o autocarro que apanho para ...?	**Millä bussilla pääsen ...?** [millæ bussilla pæ:sen ...?]
Este autocarro vai até ...?	**Meneekö tämä bussi ...?** [mene:kø tæmæ bussi ...?]
Com que frequência passam os autocarros?	**Kuinka usein bussit kulkevat?** [kujŋka usejn bussit kulkeuat?]
de 15 em 15 minutos	**viidentoista minuutin välein** [ui:dentojsta minu:tin uælejn]
de meia em meia hora	**puolen tunnin välein** [puolen tunnin uælejn]
de hora a hora	**joka tunti** [joka tunti]
várias vezes ao dia	**useita kertoja päivässä** [usejta kertoja pæjuæssæ]
... vezes ao dia	**... kertaa päivässä** [... kerta: pæjuæssæ]
horário	**aikataulu** [ajkataulu]
Onde posso ver o horário?	**Missä voisin nähdä aikataulun?** [missæ uojsin næhdæ ajkataulun?]
Quando é o próximo autocarro?	**Milloin seuraava bussi menee?** [millojn seura:ua bussi mene:?]
Quando é o primeiro autocarro?	**Milloin ensimmäinen bussi menee?** [millojn ensimmæjnen bussi mene:?]
Quando é o último autocarro?	**Milloin viimeinen bussi menee?** [millojn ui:mejnen bussi mene:?]
paragem	**pysäkki** [pysækki]
próxima paragem	**seuraava pysäkki** [seura:ua pysækki]

última paragem

Pare aqui, por favor.

Desculpe, esta é a minha paragem.

päätepysäkki
[pæ:tepysækki]

Pysähdy tähän, kiitos.
[pysæhdy tæhæn, ki:tos]

Anteeksi, jään pois tässä.
[ante:ksi, jæ:n pojs tæssæ]

Comboio

comboio	**juna** [juna]
comboio sub-urbano	**lähijuna** [ʎæhijuna]
comboio de longa distância	**kaukojuna** [kaukojuna]
estação de comboio	**rautatieasema** [rautatieasema]
Desculpe, onde fica a saída para a plataforma?	**Anteeksi, mistä pääsen laiturille?** [ante:ksi, mistæ pæ:sen lajturille?]

Este comboio vai até ...?	**Meneekö tämä juna ...?** [mene:kø tæmæ juna ...?]
próximo comboio	**seuraava juna** [seura:va juna]
Quando é o próximo comboio?	**Milloin seuraava juna lähtee?** [millojn seura:va juna llæhte:?]
Onde posso ver o horário?	**Missä voisin nähdä aikataulun?** [missæ vojsin næhdæ ajkataulun?]
Apartir de que plataforma?	**Miltä laiturilta?** [miltæ lajturilta?]
Quando é que o comboio chega a ...?	**Milloin juna saapuu ...?** [millojn juna sa:pu: ...?]

Ajude-me, por favor.	**Auttaisitko minua, kiitos.** [auttajsitko minua, ki:tos]
Estou à procura do meu lugar.	**Etsin paikkaani.** [etsin pajkka:ni]
Nós estamos à procura dos nossos lugares.	**Etsimme paikkojamme.** [etsimme pajkkojamme]
O meu lugar está ocupado.	**Paikkani on varattu.** [pajkkani on varattu]
Os nossos lugares estão ocupados.	**Paikkamme ovat varattuja.** [pajkkamme ovat varattuja]

Peço desculpa mas este é o meu lugar.	**Olen pahoillani, mutta tämä on minun paikkani.** [olen pahojllani, mutta tæmæ on minun pajkkani]
Este lugar está ocupado?	**Onko tämä paikka varattu?** [oŋko tæmæ pajkka varattu?]
Posso sentar-me aqui?	**Voinko istua tähän?** [vojŋko istua tæhæn?]

No comboio. Diálogo (Sem bilhete)

Bilhete, por favor.

Lippunne, kiitos.
[lippunne, ki:tos]

Não tenho bilhete.

Minulla ei ole lippua.
[minulla ej ole lippua]

Perdi o meu bilhete.

Kadotin lippuni.
[kadotin lippuni]

Esqueci-me do bilhete em casa.

Unohdin lippuni kotiin.
[unohdin lippuni koti:n]

Pode comprar um bilhete a mim.

Voit ostaa lipun minulta.
[vojt osta: lipun minulta]

Terá também de pagar uma multa.

Sinun täytyy maksaa myös sakko.
[sinun tæyty: maksa: myøs sakko]

Está bem.

Hyvä on.
[hyʋæ on]

Onde vai?

Minne olet menossa?
[minne olet menossa?]

Eu vou para …

Menen …
[menen …]

Quanto é? Eu não entendo.

Kuinka paljon? En ymmärrä.
[kujŋka paljon? en ymmærræ]

Escreva, por favor.

Voisitko kirjoittaa sen.
[vojsitko kirjojtta: sen]

Está bem. Posso pagar com cartão de crédito?

**Hyvä on.
Voinko maksaa luottokortilla?**
[hyʋæ on vojŋko maksa: luottokortilla?]

Sim, pode.

Kyllä voit.
[kyllæ ʋojt]

Aqui tem a sua fatura.

Tässä on kuittinne.
[tæssæ on kujttinne]

Desculpe pela multa.

Olen pahoillani sakosta.
[olen pahojllani sakosta]

Não tem mal. A culpa foi minha.

Ei hätää. Se oli minun vikani.
[ej hætæ:. se oli minun ʋikani]

Desfrute da sua viagem.

Mukavaa matkaa.
[mukaʋa: matka:]

Taxi

táxi	**taksi** [taksi]
taxista	**taksinkuljettaja** [taksiŋkuljettaja]
apanhar um táxi	**ottaa taksi** [otta: taksi]
paragem de táxis	**taksipysäkki** [taksipysækki]
Onde posso apanhar um táxi?	**Mistä voin saada taksin?** [mistæ ʋojn sa:da taksin?]

chamar um táxi	**soittaa taksi** [sojtta: taksi]
Preciso de um táxi.	**Tarvitsen taksin.** [tarʋitsen taksin]
Agora.	**Juuri nyt.** [ju:ri nyt]
Qual é a sua morada?	**Mikä on osoitteesi?** [mikæ on osojtte:si?]
A minha morada é ...	**Osoitteeni on ...** [osojtte:ni on ...]
Qual o seu destino?	**Mihin olet menossa?** [mihin olet menossa?]

Desculpe, ...	**Anteeksi, ...** [ante:ksi, ...]
Está livre?	**Oletko vapaa?** [oletko ʋapa:?]
Em quanto fica a corrida até ...?	**Kuinka paljon maksaa mennä ...?** [kujŋka paljon maksa: mennæ ...?]
Sabe onde é?	**Tiedätkö, missä se on?** [tiedætkø, missæ se on?]
Para o aeroporto, por favor.	**Lentokentälle, kiitos.** [lentokentælle, ki:tos]
Pare aqui, por favor.	**Pysähdy tähän, kiitos.** [pysæhdy tæhæn, ki:tos]
Não é aqui.	**Se ei ole täällä.** [se ej ole tæ:llæ]
Esta morada está errada. (Não é aqui)	**Tämä on väärä osoite.** [tæmæ on ʋæ:ræ osojte]
Vire à esquerda.	**Käänny vasemmalle.** [kæ:nny ʋasemmalle]
Vire à direita.	**Käänny oikealle.** [kæ:nny ojkealle]

Quanto lhe devo?	**Kuinka paljon olen velkaa?** [kujŋka paljon olen velka:?]
Queria fatura, por favor.	**Voisinko saada kuitin.** [vojsiŋko sa:da kujtin]
Fique com o troco.	**Voit pitää vaihtorahat.** [vojt pitæ: vajhtorahat]

Espere por mim, por favor.	**Odottaisitko minua?** [odottajsitko minua?]
5 minutos	**viisi minuuttia** [ʋi:si minu:ttia]
10 minutos	**kymmenen minuuttia** [kymmenen minu:ttia]
15 minutos	**viisitoista minuuttia** [ʋi:sitojsta minu:ttia]
20 minutos	**kaksikymmentä minuuttia** [kaksikymmentæ minu:ttia]
meia hora	**puoli tuntia** [puoli tuntia]

Hotel

Olá!	**Hei.**
	[hej]
Chamo-me ...	**Nimeni on ...**
	[nimeni on ...]
Tenho uma reserva.	**Minulla on varaus.**
	[minulla on varaus]

Preciso de ...	**Tarvitsen ...**
	[tarvitsen ...]
um quarto de solteiro	**yhden hengen huoneen**
	[yhden hengen huone:n]
um quarto de casal	**kahden hengen huoneen**
	[kahden hengen huone:n]
Quanto é?	**Kuinka paljon se maksaa?**
	[kujŋka paljon se maksa:?]
Está um pouco caro.	**Se on aika kallis.**
	[se on ajka kallis]

Não tem outras opções?	**Onko muita vaihtoehtoja?**
	[oŋko mujta vajhtoehtoja?]
Eu fico com ele.	**Otan sen.**
	[otan sen]
Eu pago em dinheiro.	**Maksan käteisellä.**
	[maksan kætejsellæ]

Tenho um problema.	**Minulla on ongelma.**
	[minulla on oŋgelma]
O meu ... está partido /A minha ... está partida/.	**Minun ... on rikki.**
	[minun ... on rikki]
O meu ... está avariado /A minha ... está avariada/.	**Minun ... on epäkunnossa.**
	[minun ... on epækunnossa]
televisor (m)	**TV**
	[tɛvɛ]
ar condicionado (m)	**ilmastointi**
	[ilmastojnti]
torneira (f)	**hana**
	[hana]

duche (m)	**suihku**
	[sujhku]
lavatório (m)	**allas**
	[allas]
cofre (m)	**kassakaappi**
	[kassaka:ppi]

fechadura (f)	**oven lukko** [oʋen lukko]
tomada elétrica (f)	**sähköpistorasia** [sæhkøpistorasia]
secador de cabelo (m)	**hiustenkuivaaja** [hiusteŋkujʋɑːjɑ]

Não tenho ...	**Huoneessani ei ole ...** [huone:ssɑni ej ole ...]
água	**vettä** [ʋettæ]
luz	**valoa** [ʋɑloɑ]
eletricidade	**sähköä** [sæhkøæ]

Pode dar-me ...?	**Voisitko antaa minulle ...?** [vojsitko ɑntɑː minulle ...?]
uma toalha	**pyyhkeen** [pyːhkeːn]
um cobertor	**peitteen** [pejtteːn]
uns chinelos	**aamutossut** [ɑːmutossut]
um roupão	**aamutakin** [ɑːmutɑkin]
algum champô	**sampoo** [sɑmpoː]
algum sabonete	**saippuan** [sɑjppuɑn]

Gostaria de trocar de quartos.	**Haluaisin vaihtaa huonetta.** [hɑluɑjsin ʋɑjhtɑː huonettɑ]
Não consigo encontrar a minha chave.	**En löydä avaintani.** [en løydæ ɑʋɑjntɑni]
Abra-me o quarto, por favor.	**Voisitko avata huoneeni oven?** [vojsitko ɑʋɑtɑ huoneːni oʋen?]
Quem é?	**Kuka siellä?** [kukɑ siellæ?]
Entre!	**Tule sisään!** [tule sisæːn!]
Um minuto!	**Hetki vain!** [hetki ʋɑjn!]
Agora não, por favor.	**Ei juuri nyt, kiitos.** [ej juːri nyt, kiːtos]

Venha ao meu quarto, por favor.	**Voisitko tulla huoneeseeni.** [vojsitko tullɑ huoneːseːni]
Gostaria de encomendar comida.	**Haluaisin tilata huonepalvelusta.** [hɑluɑjsin tilɑtɑ huonepɑlʋelustɑ]
O número do meu quarto é ...	**Huoneeni numero on ...** [huoneːni numero on ...]

Estou de saída ...	**Olen lähdössä ...** [olen ʎæhdøssæ ...]
Estamos de saída ...	**Olemme lähdössä ...** [olemme ʎæhdøssæ ...]
agora	**juuri nyt** [juːri nyt]
esta tarde	**tänä iltapäivänä** [tænæ iltɑpæjʋænæ]
hoje à noite	**tänä iltana** [tænæ iltɑnɑ]
amanhã	**huomenna** [huomennɑ]
amanhã de manhã	**huomenaamuna** [huomenɑːmunɑ]
amanhã ao fim da tarde	**huomenillalla** [huomenillɑllɑ]
depois de amanhã	**ylihuomenna** [ylihuomennɑ]

Gostaria de pagar.	**Haluaisin maksaa.** [hɑluɑjsin mɑksɑ:]
Estava tudo maravilhoso.	**Kaikki oli mahtavaa.** [kɑjkki oli mɑhtɑʋɑ:]
Onde posso apanhar um táxi?	**Mistä voin saada taksin?** [mistæ ʋojn sɑːdɑ tɑksin?]
Pode me chamar um táxi, por favor?	**Voisitko soittaa minulle taksin, kiitos?** [vojsitko sojttɑ: minulle tɑksin, kiːtos?]

Restaurante

Posso ver o menu, por favor?	**Saisinko katsoa ruokalistaa, kiitos?** [sajsiŋko katsoa ruokalista:, ki:tos?]
Mesa para um.	**Pöytä yhdelle.** [pøytæ yhdelle]
Somos dois (três, quatro).	**Meitä on kaksi (kolme, neljä).** [mejtæ on kaksi (kolme, neljæ)]

Para fumadores	**Tupakointi** [tupakojnti]
Para não fumadores	**Tupakointi kielletty** [tupakojnti kielletty]
Por favor!	**Anteeksi!** [ante:ksi!]
menu	**ruokalista** [ruokalista]
lista de vinhos	**viinilista** [ʋi:nilista]
O menu, por favor.	**Ruokalista, kiitos.** [ruokalista, ki:tos]

Já escolheu?	**Oletteko valmis tilaamaan?** [oletteko ʋalmis tila:ma:n?]
O que vai tomar?	**Mitä haluaisitte?** [mitæ haluajsitte?]
Eu quero ...	**Otan ...** [otan ...]

Eu sou vegetariano /vegetariana/.	**Olen kasvissyöjä.** [olen kasʋissyøjæ]
carne	**liha** [liha]
peixe	**kala** [kala]
vegetais	**vihannekset** [ʋihannekset]
Tem pratos vegetarianos?	**Onko teillä kasvisruokaa?** [oŋko tejllæ kasʋisruoka:?]
Não como porco.	**En syö sianlihaa.** [en syø sianliha:]
Ele /ela/ não come porco.	**Hän ei syö lihaa.** [hæn ej syø liha:]
Sou alérgico /alérgica/ a ...	**Olen allerginen ...** [olen allerginen ...]

Por favor, pode trazer-me ...?	**Toisitteko minulle ...** [tojsitteko minulle ...]
sal | pimenta | açucar	**suola | pippuri | sokeri** [suola | pippuri | sokeri]
café | chá | sobremesa	**kahvi | tee | jälkiruoka** [kahʋi | te: | jælkiruoka]
água | com gás | sem gás	**vesi | hiilihapollinen | tavallinen** [ʋesi | hi:lihapollinen | taʋallinen]
uma colher | um garfo | uma faca	**lusikka | haarukka | veitsi** [lusikka | hɑ:rukka | ʋejtsi]
um prato | um guardanapo	**lautanen | lautasliina** [lautanen | lautasli:na]

Bom apetite!	**Hyvää ruokahalua!** [hyʋæ: ruokahalua!]
Mais um, por favor.	**Toinen samanlainen, kiitos.** [tojnen samanlajnen, ki:tos]
Estava delicioso.	**Se oli todella herkullista.** [se oli todella herkullista]

conta | troco | gorjeta	**lasku | vaihtoraha | tippi** [lasku | ʋajhtoraha | tippi]
A conta, por favor.	**Lasku, kiitos.** [lasku, ki:tos]
Posso pagar com cartão de crédito?	**Voinko maksaa luottokortilla?** [vojŋko maksa: luottokortilla?]
Desculpe, mas tem um erro aqui.	**Olen pahoillani, mutta tässä on virhe.** [olen pahojllani, mutta tæssæ on ʋirhe]

Centro Comercial

Posso ajudá-lo /ajudá-la/?	**Voinko auttaa?** [vojŋko autta:?]
Tem ...?	**Onko teillä ...?** [oŋko tejllæ ...?]
Estou à procura de ...	**Etsin ...** [etsin ...]
Preciso de ...	**Tarvitsen ...** [tarʋitsen ...]

Estou só a ver.	**Katselen vain.** [katselen ʋajn]
Estamos só a ver.	**Katselemme vain.** [katselemme ʋajn]
Volto mais tarde.	**Palaan takaisin myöhemmin.** [pala:n takajsin myøhemmin]
Voltamos mais tarde.	**Palaamme takaisin myöhemmin.** [pala:mme takajsin myøhemmin]
descontos | saldos	**alennukset | ale** [alennukset | ale]

Mostre-me, por favor ...	**Näyttäisitkö minulle ...** [næyttæjsitkø minulle ...]
Dê-me, por favor ...	**Antaisitko minulle ...** [antajsitko minulle ...]
Posso experimentar?	**Voinko kokeilla tätä?** [vojŋko kokejlla tætæ?]
Desculpe, onde fica a cabine de prova?	**Anteeksi, missä on sovituskoppi?** [ante:ksi, missæ on soʋituskoppi?]
Que cor prefere?	**Minkä värisen haluaisitte?** [miŋkæ ʋærisen haluajsitte?]
tamanho | cvomprimento	**koko | pituus** [koko | pitu:s]
Como lhe fica?	**Kuinka tämä istuu?** [kujŋka tæmæ istu:?]

Quanto é que isto custa?	**Kuinka paljon se maksaa?** [kujŋka paljon se maksa:?]
É muito caro.	**Se on liian kallis.** [se on li:an kallis]
Eu fico com ele.	**Otan sen.** [otan sen]
Desculpe, onde fica a caixa?	**Anteeksi, missä voin maksaa?** [ante:ksi, missæ ʋojn maksa:?]

Vai pagar a dinheiro ou com cartão de crédito?

Maksatteko käteisellä vai luottokortilla?
[mɑksɑtteko kæetejsellæ uɑj luottokortillɑ?]

A dinheiro | com cartão de crédito

Käteisellä | luottokortilla
[kæetejsellæ | luottokortillɑ]

Pretende fatura?

Haluaisitteko kuitin?
[hɑluɑjsitteko kujtin?]

Sim, por favor.

Kyllä kiitos.
[kyllæ ki:tos]

Não. Está bem!

Ei, en halua.
[ej, en hɑluɑ]

Obrigado /Obrigada/.
Tenha um bom dia!

Kiitos. Mukavaa päivää!
[ki:tos. mukɑʋɑ: pæjʋæ:!]

Na cidade

Desculpe, por favor ...	**Anteeksi.** [ante:ksi]
Estou à procura ...	**Etsin ...** [etsin ...]
do metro	**metro** [metro]
do meu hotel	**hotellini** [hotellini]
do cinema	**elokuvateatteri** [elokuʋateatteri]
da praça de táxis	**taksipysäkki** [taksipysækki]

do multibanco	**pankkiautomaatti** [paŋkkiautoma:tti]
de uma casa de câmbio	**valuutanvaihtopiste** [ʋalu:tanʋajhtopiste]
de um café internet	**Internet-kahvila** [internet-kahʋila]
da rua ...	**... katu** [... katu]
deste lugar	**tämä paikka** [tæmæ pajkka]

Sabe dizer-me onde fica ...?	**Tiedättekö, missä on ...?** [tiedættekø, missæ on ...?]
Como se chama esta rua?	**Mikä katu tämä on?** [mikæ katu tæmæ on?]
Mostre-me onde estamos de momento.	**Voisitteko näyttää minulle, missä me olemme nyt.** [vojsitteko næyttæ: minulle, missæ me olemme nyt]
Posso ir até lá a pé?	**Voiko sinne kävellä?** [vojko sinne kæʋellæ?]
Tem algum mapa da cidade?	**Onko teillä kaupungin karttaa?** [oŋko tejllæ kaupuŋgin kartta:?]

Quanto custa a entrada?	**Kuinka paljon pääsylippu maksaa?** [kujŋka paljon pæ:sylippu maksa:?]
Pode-se fotografar aqui?	**Voinko ottaa täällä kuvia?** [vojŋko otta: tæ:llæ kuʋia?]
Estão abertos?	**Oletteko auki?** [oletteko auki?]

A que horas abrem?

A que horas fecham?

Milloin aukeatte?
[millojn aukeatte?]

Milloin menette kiinni?
[millojn menette ki:nni?]

Dinheiro

dinheiro	**raha** [rɑhɑ]
a dinheiro	**käteinen** [kætejnen]
dinheiro de papel	**setelit** [setelit]
troco	**pikkuraha** [pikkurɑhɑ]
conta | troco | gorjeta	**lasku | vaihtoraha | tippi** [lɑsku | ʋɑjhtorɑhɑ | tippi]

cartão de crédito	**luottokortti** [luottokortti]
carteira	**lompakko** [lompɑkko]
comprar	**ostaa** [ostɑ:]
pagar	**maksaa** [mɑksɑ:]
multa	**sakko** [sɑkko]
gratuito	**ilmainen** [ilmɑjnen]

Onde é que posso comprar ...?	**Mistä voin ostaa ...?** [mistæ ʋojn ostɑ: ...?]
O banco está aberto agora?	**Onko pankki nyt auki?** [oŋko pɑŋkki nyt ɑuki?]
Quando abre?	**Milloin se aukeaa?** [millojn se ɑukeɑ:?]
Quando fecha?	**Milloin se menee kiinni?** [millojn se mene: ki:nni?]

Quanto?	**Kuinka paljon?** [kujŋkɑ pɑljon?]
Quanto custa isto?	**Kuinka paljon tämä maksaa?** [kujŋkɑ pɑljon tæmæ mɑksɑ:?]
É muito caro.	**Se on liian kallis.** [se on li:ɑn kɑllis]

Desculpe, onde fica a caixa?	**Anteeksi, missä voin maksaa?** [ɑnte:ksi, missæ ʋojn mɑksɑ:?]
A conta, por favor.	**Lasku, kiitos.** [lɑsku, ki:tos]

Posso pagar com cartão de crédito?

Há algum Multibanco aqui?

Estou à procura de um Multibanco.

Voinko maksaa luottokortilla?
[vojŋko maksa: luottokortilla?]

Onko täällä pankkiautomaattia?
[oŋko tæ:llæ paŋkkiautoma:ttia?]

Etsin pankkiautomaattia.
[etsin paŋkkiautoma:ttia]

Estou à procura de uma
casa de câmbio.

Eu gostaria de trocar ...

Qual a taxa de câmbio?

Precisa do meu passaporte?

Etsin valuutanvaihtopistettä.
[etsin valu:tanvajhtopistettæ]

Haluaisin vaihtaa ...
[haluajsin vajhta: ...]

Mikä on vaihtokurssi?
[mikæ on vajhtokurssi?]

Tarvitsetteko passini?
[tarvitsetteko passini?]

Tempo

Que horas são?	**Paljonko kello on?** [paljoŋko kello on?]
Quando?	**Milloin?** [millojn?]
A que horas?	**Mihin aikaan?** [mihin ajka:n?]
agora | mais tarde | depois ...	**nyt | myöhemmin | jälkeen ...** [nyt | myøhemmin | jælke:n ...]

uma em ponto	**kello yksi** [kello yksi]
uma e quinze	**vartin yli yksi** [ʋartin yli yksi]
uma e trinta	**puoli kaksi** [puoli kaksi]
uma e quarenta e cinco	**varttia vaille kaksi** [ʋarttia ʋajlle kaksi]

um | dois | três	**yksi | kaksi | kolme** [yksi | kaksi | kolme]
quatro | cinco | seis	**neljä | viisi | kuusi** [neljæ | ʋi:si | ku:si]
set | oito | nove	**seitsemän | kahdeksan | yhdeksän** [sejtsemæn | kahdeksan | yhdeksæn]
dez | onze | doze	**kymmenen | yksitoista | kaksitoista** [kymmenen | yksitojsta | kaksitojsta]

dentro de ...	**... kuluttua** [... kuluttua]
5 minutos	**viiden minuutin kuluttua** [ʋi:den minu:tin kuluttua]
10 minutos	**kymmenen minuutin kuluttua** [kymmenen minu:tin kuluttua]
15 minutos	**viidentoista minuutin kuluttua** [ʋi:dentojsta minu:tin kuluttua]
20 minutos	**kahdenkymmenen minuutin kuluttua** [kahdeŋkymmenen minu:tin kuluttua]

meia hora	**puolen tunnin kuluttua** [puolen tunnin kuluttua]
uma hora	**tunnin kuluttua** [tunnin kuluttua]

de manhã	**aamulla** [ɑ:mulla]
de manhã cedo	**aikaisin aamulla** [ɑjkɑjsin ɑ:mulla]
esta manhã	**tänä aamuna** [tænæ ɑ:muna]
amanhã de manhã	**huomenaamuna** [huomenɑ:muna]

ao meio-dia	**keskipäivällä** [keskipæjuællæ]
à tarde	**iltapäivällä** [iltapæjuællæ]
à noite (das 18h às 24h)	**illalla** [illalla]
esta noite	**tänä iltana** [tænæ iltana]

à noite (da 0h às 6h)	**yöllä** [yøllæ]
ontem	**eilen** [ejlen]
hoje	**tänään** [tænæ:n]
amanhã	**huomenna** [huomenna]
depois de amanhã	**ylihuomenna** [ylihuomenna]

Que dia é hoje?	**Mikä päivä tänään on?** [mikæ pæjuæ tænæ:n on?]
Hoje é ...	**Tänään on ...** [tænæ:n on ...]
segunda-feira	**maanantai** [mɑ:nantaj]
terça-feira	**tiistai** [ti:staj]
quarta-feira	**keskiviikko** [keskiui:kko]

quinta-feira	**torstai** [torstaj]
sexta-feira	**perjantai** [perjantaj]
sábado	**lauantai** [lauantaj]
domingo	**sunnuntai** [sunnuntaj]

Saudações. Apresentações

Olá!	**Hei.** [hej]
Prazer em conhecê-lo /conhecê-la/.	**Mukava tavata.** [mukɑʋɑ tɑʋɑtɑ]
O prazer é todo meu.	**Samoin.** [sɑmojn]
Apresento-lhe ...	**Saanko esitellä ...** [sɑːŋko esitellæ ...]
Muito prazer.	**Hauska tavata.** [hɑuskɑ tɑʋɑtɑ]

Como está?	**Kuinka voit?** [kujŋkɑ ʋojt?]
Chamo-me ...	**Nimeni on ...** [nimeni on ...]
Ele chama-se ...	**Hänen nimensä on ...** [hænen nimensæ on ...]
Ela chama-se ...	**Hänen nimensä on ...** [hænen nimensæ on ...]
Como é que o senhor /a senhora/ se chama?	**Mikä sinun nimesi on?** [mikæ sinun nimesi on?]
Como é que ela se chama?	**Mikä hänen nimensä on?** [mikæ hænen nimensæ on?]
Como é que ela se chama?	**Mikä hänen nimensä on?** [mikæ hænen nimensæ on?]

Qual o seu apelido?	**Mikä on sukunimesi?** [mikæ on sukunimesi?]
Pode chamar-me ...	**Voit soittaa minulle ...** [vojt sojttɑ: minulle ...]
De onde é?	**Mistä olet kotoisin?** [mistæ olet kotojsin?]
Sou de ...	**Olen ...** [olen ...]
O que faz na vida?	**Mitä teet työksesi?** [mitæ teːt tyøksesi?]
Quem é este?	**Kuka tämä on?** [kukɑ tæmæ on?]
Quem é ele?	**Kuka hän on?** [kukɑ hæn on?]
Quem é ela?	**Kuka hän on?** [kukɑ hæn on?]
Quem são eles?	**Keitä he ovat?** [kejtæ he oʋɑt?]

Este é ...	**Tämä on ...** [tæmæ on ...]
o meu amigo	**ystäväni** [ystæʋæni]
a minha amiga	**ystäväni** [ystæʋæni]
o meu marido	**mieheni** [mieheni]
a minha mulher	**vaimoni** [ʋajmoni]

o meu pai	**isäni** [isæni]
a minha mãe	**äitini** [æjtini]
o meu irmão	**veljeni** [ʋeljeni]
a minha irmã	**siskoni** [siskoni]
o meu filho	**poikani** [pojkani]
a minha filha	**tyttäreni** [tyttæreni]

Este é o nosso filho.	**Tämä on poikamme.** [tæmæ on pojkamme]
Este é a nossa filha.	**Tämä on tyttäremme.** [tæmæ on tyttæremme]
Estes são os meus filhos.	**Nämä ovat lapsiani.** [næmæ oʋat lapsiani]
Estes são os nossos filhos.	**Nämä ovat lapsiamme.** [næmæ oʋat lapsiamme]

Despedidas

Adeus!	**Näkemiin!** [nækemi:n!]
Tchau!	**Hei hei!** [hej hej!]
Até amanhã.	**Nähdään huomenna.** [næhdæ:n huomenna]
Até breve.	**Nähdään pian.** [næhdæ:n pian]
Até às sete.	**Nähdään seitsemältä.** [næhdæ:n sejtsemæltæ]

Diverte-te!	**Pitäkää hauskaa!** [pitækæ: hauska:!]
Falamos mais tarde.	**Jutellaan myöhemmin.** [jutella:n myøhemmin]
Bom fim de semana.	**Hyvää viikonloppua!** [hyʋæ: ʋi:konloppua!]
Boa noite.	**Hyvää yötä.** [hyʋæ: yøtæ]

Está na hora.	**Minun on aika lähteä.** [minun on ajka ʎæhteæ]
Preciso de ir embora.	**Minun täytyy lähteä.** [minun tæyty: ʎæhteæ]
Volto já.	**Tulen kohta takaisin.** [tulen kohta takajsin]

Já é tarde.	**On myöhä.** [on myøhæ]
Tenho de me levantar cedo.	**Minun täytyy nousta aikaisin.** [minun tæyty: nousta ajkajsin]
Vou-me embora amanhã.	**Lähden huomenna.** [ʎæhden huomenna]
Vamos embora amanhã.	**Lähdemme huomenna.** [ʎæhdemme huomenna]

Boa viagem!	**Hyvää matkaa!** [hyʋæ: matka:!]
Tive muito prazer em conhecer-vos.	**Oli mukava tavata.** [oli mukaʋa taʋata]
Foi muito agradável falar consigo.	**Oli mukava jutella.** [oli mukaʋa jutella]
Obrigado /Obrigada/ por tudo.	**Kiitos kaikesta.** [ki:tos kajkesta]

Passei um tempo muito agradável.	**Minulla oli tosi hauskaa.** [minulla oli tosi hauska:]
Passámos um tempo muito agradável.	**Meillä oli tosi hauskaa.** [mejllæ oli tosi hauska:]
Foi mesmo fantástico.	**Se oli tosi mahtavaa.** [se oli tosi mahtaʊa:]
Vou ter saudades suas.	**Tulen kaipaamaan sinua.** [tulen kajpa:ma:n sinua]
Vamos ter saudades suas.	**Tulemme kaipaamaan sinua/teitä.** [tulemme kajpa:ma:n sinua/tejtæ]

Boa sorte!	**Onnea matkaan!** [onnea matka:n!]
Dê cumprimentos a …	**Kerro terveisiä …** [kerro terʊejsiæ …]

Língua estrangeira

Eu não entendo.	**En ymmärrä.** [en ymmærræ]
Escreva isso, por favor.	**Voisitko kirjoittaa sen.** [vojsitko kirjojtta: sen]
O senhor /a senhora/ fala ...?	**Puhutko ...?** [puhutko ...?]
Eu falo um pouco de ...	**Puhun vähän ...** [puhun υæhæn ...]
Inglês	**englantia** [eŋglantia]
Turco	**turkkia** [turkkia]
Árabe	**arabiaa** [arabia:]
Francês	**ranskaa** [ranska:]
Alemão	**saksaa** [saksa:]
Italiano	**italiaa** [italia:]
Espanhol	**espanjaa** [espanja:]
Português	**portugalia** [portugalia]
Chinês	**kiinaa** [ki:na:]
Japonês	**japania** [japania]
Pode repetir isso, por favor.	**Voisitko toistaa, kiitos.** [vojsitko tojsta:, ki:tos]
Compreendo.	**Ymmärrän.** [ymmærræn]
Eu não entendo.	**En ymmärrä.** [en ymmærræ]
Por favor fale mais devagar.	**Voisitko puhua hitaammin.** [vojsitko puhua hita:mmin]
Isso está certo?	**Onko tämä oikein?** [oŋko tæmæ ojkejn?]
O que é isto? (O que significa?)	**Mikä tämä on?** [mikæ tæmæ on?]

Desculpas

Desculpe-me, por favor.	**Anteeksi.** [ante:ksi]
Lamento.	**Olen pahoillani.** [olen pahojllani]
Tenho muita pena.	**Olen todella pahoillani.** [olen todella pahojllani]
Desculpe, a culpa é minha.	**Anteeksi, se on minun vikani.** [ante:ksi, se on minun ʋikani]
O erro foi meu.	**Minun virheeni.** [minun ʋirhe:ni]

Posso ...?	**Saanko ...?** [sɑ:ŋko ...?]
O senhor /a senhora/ não se importa se eu ...?	**Haittaakko jos ...?** [hɑjttɑ:kko jos ...?]
Não faz mal.	**Se on OK.** [se on ok]
Está tudo em ordem.	**Ole hyvä.** [ole hyʋæ]
Não se preocupe.	**Ei tarvitse kiittää.** [ej tɑrʋitse ki:ttæ:]

Acordo

Sim.	**Kyllä.** [kyllæ]
Sim, claro.	**Kyllä, varmasti.** [kyllæ, ʋɑrmɑsti]
Está bem!	**OK! Hyvä!** [ok! hyʋæ!]
Muito bem.	**Hyvä on.** [hyʋæ on]
Claro!	**Totta kai!** [tottɑ kɑj!]
Concordo.	**Olen samaa mieltä.** [olen sɑmɑː mieltæ]

Certo.	**Näin se on.** [næjn se on]
Correto.	**Juuri niin.** [juːri niːn]
Tem razão.	**Olet oikeassa.** [olet ojkeɑssɑ]
Eu não me oponho.	**Ei se minua haittaa.** [ej se minuɑ hɑjttɑː]
Absolutamente certo.	**Täysin oikein.** [tæysin ojkejn]

É possível.	**Se on mahdollista.** [se on mɑhdollistɑ]
É uma boa ideia.	**Tuo on hyvä idea.** [tuo on hyʋæ ideɑ]
Não posso recusar.	**En voi kieltäytyä.** [en ʋoj kieltæytyæ]
Terei muito gosto.	**Mielelläni.** [mielellæni]
Com prazer.	**Mielihyvin.** [mielihyʋin]

Recusa. Expressão de dúvida

Não.	**Ei.** [ej]
Claro que não.	**Ei todellakaan.** [ej todellaka:n]
Não concordo.	**En ole samaa mieltä.** [en ole sama: mieltæ]
Não creio.	**En usko.** [en usko]
Isso não é verdade.	**Se ei ole totta.** [se ej ole totta]

O senhor /a senhora/ não tem razão.	**Olet väärässä.** [olet ʋæ:ræssæ]
Acho que o senhor /a senhora/ não tem razão.	**Luulen, että olet väärässä.** [lu:len, ettæ olet ʋæ:ræssæ]
Não tenho a certeza.	**En ole varma.** [en ole ʋarma]
É impossível.	**Se on mahdotonta.** [se on mahdotonta]
De modo algum!	**Ei mitään sellaista!** [ej mitæ:n sellajsta!]

Exatamente o contrário.	**Täysin päinvastoin.** [tæysin pæjnʋastojn]
Sou contra.	**Vastustan sitä.** [ʋastustan sitæ]
Não me importo.	**En välitä.** [en ʋælitæ]
Não faço ideia.	**Minulla ei ole aavistustakaan.** [minulla ej ole a:ʋistustaka:n]
Não creio.	**Epäilen sitä.** [epæjlen sitæ]

Desculpe, mas não posso.	**Olen pahoillani, mutta en voi.** [olen pahojllani, mutta en ʋoj]
Desculpe, mas não quero.	**Olen pahoillani, mutta en halua.** [olen pahojllani, mutta en halua]

Desculpe, não quero isso.	**Kiitos, mutta en tarvitse tätä.** [ki:tos, mutta en tarvitse tætæ]
Já é muito tarde.	**Alkaa olla jo myöhä.** [alka: olla jo myøhæ]

Tenho de me levantar cedo.

Minun täytyy nousta aikaisin.
[minun tæyty: nousta ajkajsin]

Não me sinto bem.

En voi hyvin.
[en ʋoj hyʋin]

Expressão de gratidão

Obrigado /Obrigada/.	**Kiitos.** [ki:tos]
Muito obrigado /obrigada/.	**Tuhannet kiitokset.** [tuhannet ki:tokset]
Fico muito grato /grata/.	**Arvostan sitä todella.** [aruostan sitæ todella]
Estou-lhe muito reconhecido.	**Olen tosi kiitollinen sinulle.** [olen tosi ki:tollinen sinulle]
Estamos-lhe muito reconhecidos.	**Olemme tosi kiitollisia sinulle.** [olemme tosi ki:tollisia sinulle]

Obrigado /Obrigada/ pelo seu tempo.	**Kiitos ajastasi.** [ki:tos ajastasi]
Obrigado /Obrigada/ por tudo.	**Kiitos kaikesta.** [ki:tos kajkesta]
Obrigado /Obrigada/ ...	**Kiitos ...** [ki:tos ...]
... pela sua ajuda	**avustasi** [auustasi]
... por este tempo bem passado	**mukavasta ajasta** [mukauasta ajasta]

... pela comida deliciosa	**ihanasta ateriasta** [ihanasta ateriasta]
... por esta noite agradável	**mukavasta illasta** [mukauasta illasta]
... pelo dia maravilhoso	**ihanasta päivästä** [ihanasta pæjuæstæ]
... pela jornada fantástica	**mahtavasta matkasta** [mahtauasta matkasta]

Não tem de quê.	**Ei kestä.** [ej kestæ]
Não precisa agradecer.	**Ole hyvä.** [ole hyuæ]
Disponha sempre.	**Eipä kestä.** [ejpæ kestæ]
Foi um prazer ajudar.	**Ilo on kokonaan minun puolellani.** [ilo on kokona:n minun puolellani]
Esqueça isso.	**Unohda se.** [unohda se]
Não se preocupe.	**Ei tarvitse kiittää.** [ej taruitse ki:ttæ:]

Parabéns. Cumprimentos

Parabéns!	**Onnittelut!** [onnittelut!]
Feliz aniversário!	**Hyvää syntymäpäivää!** [hyʋæ: syntymæpæjʋæ:!]
Feliz Natal!	**Hyvää joulua!** [hyʋæ: joulua!]
Feliz Ano Novo!	**Onnellista Uutta Vuotta!** [onnellista uutta vuotta!]

Feliz Páscoa!	**Hyvää Pääsiäistä!** [hyʋæ: pæ:siæjstæ!]
Feliz Hanukkah!	**Onnellista Hanukkaa!** [onnellista hanukka:!]

Gostaria de fazer um brinde.	**Haluaisin ehdottaa maljaa.** [haluajsin ehdotta: malja:]
Saúde!	**Kippis!** [kippis!]
Bebamos a ...!	**Malja ...!** [malja ...!]
Ao nosso sucesso!	**Menestykselle!** [menestykselle!]
Ao vosso sucesso!	**Menestyksellesi!** [menestyksellesi!]

Boa sorte!	**Onnea matkaan!** [onnea matka:n!]
Tenha um bom dia!	**Mukavaa päivää!** [mukaʋa: pæjʋæ:!]
Tenha um bom feriado!	**Mukavaa lomaa!** [mukaʋa: loma:!]
Tenha uma viagem segura!	**Turvallista matkaa!** [turʋallista matka:!]
Espero que melhore em breve!	**Toivon että paranet pian!** [tojʋon ettæ paranet pian!]

Socializando

Porque é que está chateado /chateada/?	**Miksi olet surullinen?** [miksi olet surullinen?]
Sorria!	**Hymyile! Piristy!** [hymyile! piristy!]
Está livre esta noite?	**Oletko vapaa tänä iltana?** [oletko ʋapa: tænæ iltana?]

Posso oferecer-lhe algo para beber?	**Voinko tarjota sinulle juotavaa?** [vojŋko tarjota sinulle juotaʋa:?]
Você quer dançar?	**Haluaisitko tulla tanssimaan?** [haluajsitko tulla tanssima:n?]
Vamos ao cinema.	**Mennään elokuviin.** [mennæ:n elokuʋi:n]

Gostaria de a convidar para ir ...	**Saanko kutsua sinut ...?** [sa:ŋko kutsua sinut ...?]
ao restaurante	**ravintolaan** [raʋintola:n]
ao cinema	**elokuviin** [elokuʋi:n]
ao teatro	**teatteriin** [teatteri:n]
passear	**kävelylle** [kæʋelylle]

A que horas?	**Mihin aikaan?** [mihin ajka:n?]
hoje à noite	**tänä iltana** [tænæ iltana]
às 6 horas	**kuudelta** [ku:delta]
às 7 horas	**seitsemältä** [sejtsemæltæ]
às 8 horas	**kahdeksalta** [kahdeksalta]
às 9 horas	**yhdeksältä** [yhdeksæltæ]

Gosta deste local?	**Pidätkö tästä paikasta?** [pidætkø tæstæ pajkasta?]
Está com alguém?	**Oletko täällä jonkun kanssa?** [oletko tæ:llæ joŋkun kanssa?]
Estou com o meu amigo.	**Olen ystäväni kanssa.** [olen ystæʋæni kanssa]

Estou com os meus amigos.	**Olen ystävieni kanssa.** [olen ystæʋieni kɑnssɑ]
Não, estou sozinho /sozinha/.	**Ei, olen yksin.** [ej, olen yksin]

Tens namorado?	**Onko sinulla poikaystävää?** [oŋko sinullɑ pojkɑystæʋæ:?]
Tenho namorado.	**Minulla on poikaystävä.** [minullɑ on pojkɑystæʋæ]
Tens namorada?	**Onko sinulla tyttöystävää?** [oŋko sinullɑ tyttøystæʋæ:?]
Tenho namorada.	**Minulla on tyttöystävä.** [minullɑ on tyttøystæʋæ]

Posso voltar a vêr-te?	**Saanko tavata sinut uudelleen?** [sɑ:ŋko tɑʋɑtɑ sinut u:delle:n?]
Posso ligar-te?	**Saanko soittaa sinulle?** [sɑ:ŋko sojttɑ: sinulle?]
Liga-me.	**Soita minulle.** [sojtɑ minulle]
Qual é o teu número?	**Mikä on puhelinnumerosi?** [mikæ on puhelinnumerosi?]
Tenho saudades tuas.	**Kaipaan sinua.** [kɑjpɑ:n sinuɑ]

Tem um nome muito bonito.	**Sinulla on kaunis nimi.** [sinullɑ on kɑunis nimi]
Amo-te.	**Rakastan sinua.** [rɑkɑstɑn sinuɑ]
Quer casar comigo?	**Menisitkö naimisiin kanssani?** [menisitkø nɑjmisi:n kɑnssɑni?]

Você está a brincar!	**Lasket leikkiä!** [lɑsket lejkkiæ!]
Estou só a brincar.	**Lasken vain leikkiä.** [lɑsken ʋɑjn lejkkiæ]

Está a falar a sério?	**Oletko tosissasi?** [oletko tosissɑsi?]
Estou a falar a sério.	**Olen tosissani.** [olen tosissɑni]
De verdade?!	**Ihanko totta?!** [ihɑŋko tottɑ?!]
Incrível!	**Se on uskomatonta!** [se on uskomɑtontɑ!]
Não acredito.	**En usko sinua.** [en usko sinuɑ]

Não posso.	**En voi.** [en ʋoj]
Não sei.	**En tiedä.** [en tiedæ]

Não entendo o que está a dizer.

En ymmärrä sinua.
[en ymmærræ sinua]

Saia, por favor.

Ole hyvä mene pois.
[ole hyuæ mene pojs]

Deixe-me em paz!

Jätä minut rauhaan!
[jætæ minut rauhɑ:n!]

Eu não o suporto.

En voi sietää häntä.
[en ʋoj sietæ: hæntæ]

Você é detestável!

Olet inhottava!
[olet inhottaʋɑ!]

Vou chamar a polícia!

Soitan poliisille!
[sojtɑn poli:sille!]

Partilha de impressões. Emoções

Gosto disto.	**Pidän siitä.** [pidæn si:tæ]
É muito simpático.	**Tosi kiva.** [tosi kiʋɑ]
Fixe!	**Sepä hienoa!** [sepæ hienoɑ!]
Não é mau.	**Ei huono.** [ej huono]

Não gosto disto.	**En pidä siitä.** [en pidæ si:tæ]
Isso não está certo.	**Se ei ole hyvä.** [se ej ole hyʋæ]
Isso é mau.	**Se on huono.** [se on huono]
Isso é muito mau.	**Se on tosi huono.** [se on tosi huono]
Isso é asqueroso.	**Se on inhottava.** [se on inhottɑʋɑ]

Estou feliz.	**Olen onnellinen.** [olen onnellinen]
Estou contente.	**Olen tyytyväinen.** [olen ty:tyʋæjnen]
Estou apaixonado /apaixonada/.	**Olen rakastunut.** [olen rɑkɑstunut]
Estou calmo /calma/.	**Olen rauhallinen.** [olen rɑuhɑllinen]
Estou aborrecido /aborrecida/.	**Olen tylsistynyt.** [olen tylsistynyt]

Estou cansado /cansada/.	**Olen väsynyt.** [olen ʋæsynyt]
Estou triste.	**Olen surullinen.** [olen surullinen]
Estou apavorado /apavorada/.	**Olen peloissani.** [olen pelojssɑni]

Estou zangado /zangada/.	**Olen vihainen.** [olen ʋihɑjnen]
Estou preocupado /preocupada/.	**Olen huolissani.** [olen huolissɑni]
Estou nervoso /nervosa/.	**Olen hermostunut.** [olen hermostunut]

Estou ciumento /ciumenta/.

Olen mustasukkainen.
[olen mustasukkajnen]

Estou surpreendido /surpreendida/.

Olen yllättynyt.
[olen yllættynyt]

Estou perplexo /perplexa/.

Olen hämilläni.
[olen hæmillæni]

Problemas. Acidentes

Tenho um problema.	**Minulla on ongelma.** [minulla on oŋgelma]
Temos um problema.	**Meillä on ongelma.** [mejllæ on oŋgelma]
Estou perdido.	**Olen eksynyt.** [olen eksynyt]
Perdi o último autocarro.	**Myöhästyin viimeisestä** **bussista (junasta).** [myøhæstyin ʋi:mejsestæ bussista (junasta)]
Não me resta nenhum dinheiro.	**Minulla ei ole ollenkaan rahaa jäljellä.** [minulla ej ole olleŋka:n raha: jæljellæ]

Eu perdi ...	**Olen hukannut ...** [olen hukannut ...]
Roubaram-me ...	**Joku varasti minun ...** [joku ʋarasti minun ...]
o meu passaporte	**passini** [passini]
a minha carteira	**lompakkoni** [lompakkoni]
os meus papéis	**paperini** [paperini]
o meu bilhete	**lippuni** [lippuni]

o dinheiro	**rahani** [rahani]
a minha mala	**käsilaukkuni** [kæsilaukkuni]
a minha camara	**kamerani** [kamerani]
o meu computador	**kannettavani** [kannettaʋani]
o meu tablet	**tablettini** [tablettini]
o meu telemóvel	**kännykkäni** [kænnykkæni]

Ajude-me!	**Auta minua!** [auta minua!]
O que é que aconteceu?	**Mitä on tapahtunut?** [mitæ on tapahtunut?]

fogo	**tulipalo** [tulipalo]
tiroteio	**ampuminen** [ampuminen]
assassínio	**murha** [murha]
explosão	**räjähdys** [ræjæhdys]
briga	**tappelu** [tappelu]

Chame a polícia!	**Soita poliisille!** [sojta poli:sille!]
Mais depressa, por favor!	**Pidä kiirettä!** [pidæ ki:rettæ!]
Estou à procura de uma esquadra de polícia.	**Etsin poliisiasemaa.** [etsin poli:siasema:]
Preciso de telefonar.	**Minun täytyy soittaa.** [minun tæyty: sojtta:]
Posso telefonar?	**Saanko käyttää puhelintasi?** [sa:ŋko kæyttæ: puhelintasi?]

Fui ...	**Minut on ...** [minut on ...]
assaltado /assaltada/	**ryöstetty** [ryøstetty]
roubado /roubada/	**ryöstetty** [ryøstetty]
violada	**raiskattu** [rajskattu]
atacado /atacada/	**pahoinpidelty** [pahojnpidelty]

Está tudo bem consigo?	**Oletko kunnossa?** [oletko kunnossa?]
Viu quem foi?	**Näitkö, kuka se oli?** [næjtkø, kuka se oli?]
Seria capaz de reconhecer a pessoa?	**Pystyisitkö tunnistamaan henkilön?** [pystyisitkø tunnistama:n heŋkiløn?]
Tem a certeza?	**Oletko varma?** [oletko varma?]

Acalme-se, por favor.	**Rauhoitu.** [rauhojtu]
Calma!	**Rentoudu!** [rentoudu!]
Não se preocupe.	**Älä huolehdi!** [æʎæ huolehdi!]
Vai ficar tudo bem.	**Kaikki järjestyy.** [kajkki jærjesty:]
Está tudo em ordem.	**Kaikki on kunnossa.** [kajkki on kunnossa]

Chegue aqui, por favor.

Tule tänne.
[tule tænne]

Tenho algumas questões a colocar-lhe.

Minulla on joitakin kysymyksiä sinulle.
[minulla on jojtakin kysymyksiæ sinulle]

Aguarde um momento, por favor.

Odota hetki.
[odota hetki]

Tem alguma identificação?

Onko sinulla henkilöllisyystodistus?
[oŋko sinulla heŋkiløllisy:stodistus?]

Obrigado. Pode ir.

Kiitos. Voit nyt lähteä.
[ki:tos. vojt nyt ʎæhteæ]

Mãos atrás da cabeça!

Kädet pään taakse!
[kædet pæ:n ta:kse!]

Você está preso!

Sinut on pidätetty!
[sinut on pidætetty!]

Problemas de saúde

Ajude-me, por favor.

Voisitko auttaa minua.
[vojsitko autta: minua]

Não me sinto bem.

En voi hyvin.
[en ʋoj hyʋin]

O meu marido não se sente bem.

Mieheni ei voi hyvin.
[mieheni ej ʋoj hyʋin]

O meu filho ...

Poikani ...
[pojkani ...]

O meu pai ...

Isäni ...
[isæni ...]

A minha mulher não se sente bem.

Vaimoni ei voi hyvin.
[vajmoni ej ʋoj hyʋin]

A minha filha ...

Tyttäreni ...
[tyttæreni ...]

A minha mãe ...

Äitini ...
[æjtini ...]

Tenho uma ...

Minulla on ...
[minulla on ...]

dor de cabeça

päänsärky
[pæ:nsærky]

dor de garganta

kipeä kurkku
[kipeæ kurkku]

dor de barriga

vatsakipu
[ʋatsakipu]

dor de dentes

hammassärky
[hammassærky]

Estou com tonturas.

Minua huimaa.
[minua hujma:]

Ele está com febre.

Hänellä on kuumetta.
[hænellæ on ku:metta]

Ela está com febre.

Hänellä on kuumetta.
[hænellæ on ku:metta]

Não consigo respirar.

En voi hengittää.
[en ʋoj heŋgittæ:]

Estou a sufocar.

Olen hengästynyt.
[olen heŋgæstynyt]

Sou asmático /asmática/.

Minulla on astma.
[minulla on astma]

Sou diabético /diabética/.

Minulla on diabetes.
[minulla on diabetes]

Estou com insónia.	**En voi nukkua.** [en voj nukkuɑ]
intoxicação alimentar	**ruokamyrkytys** [ruokɑmyrkytys]

Dói aqui.	**Minua sattuu tästä.** [minuɑ sɑttu: tæstæ]
Ajude-me!	**Auta minua!** [autɑ minuɑ!]
Estou aqui!	**Olen täällä!** [olen tæ:llæ!]
Estamos aqui!	**Olemme täällä!** [olemme tæ:llæ!]
Tirem-me daqui!	**Päästä minut pois täältä!** [pæ:stæ minut pojs tæ:ltæ!]
Preciso de um médico.	**Tarvitsen lääkärin.** [tɑrvitsen ʎæ:kærin]
Não me consigo mexer.	**En voi liikkua.** [en voj li:kkuɑ]
Não consigo mover as pernas.	**En voi liikuttaa jalkojani.** [en voj li:kuttɑ: jɑlkojɑni]

Estou ferido.	**Minulla on haava.** [minullɑ on hɑ:vɑ]
É grave?	**Onko se vakavaa?** [oŋko se vɑkɑvɑ:?]
Tenho os documentos no bolso.	**Asiakirjani ovat taskussani.** [ɑsiɑkirjɑni ovɑt tɑskussɑni]
Acalme-se!	**Rauhoitu!** [rɑuhojtu!]
Posso telefonar?	**Saanko käyttää puhelintasi?** [sɑ:ŋko kæyttæ: puhelintɑsi?]

Chame uma ambulância!	**Soita ambulanssi!** [sojtɑ ɑmbulɑnssi!]
É urgente!	**Tämä on kiireellistä!** [tæmæ on ki:re:llistæ!]
É uma emergência!	**Tämä on hätätilanne!** [tæmæ on hætætilɑnne!]
Mais depressa, por favor!	**Pidä kiirettä!** [pidæ ki:rettæ!]
Chame o médico, por favor.	**Soittaisitko lääkärin?** [sojttɑjsitko ʎæ:kærin?]
Onde fica o hospital?	**Missä sairaala on?** [missæ sɑjrɑ:lɑ on?]

Como se sente?	**Kuinka voit?** [kujŋkɑ vojt?]
Está tudo bem consigo?	**Oletko kunnossa?** [oletko kunnossɑ?]
O que é que aconteceu?	**Mitä on tapahtunut?** [mitæ on tɑpɑhtunut?]

Já me sinto melhor.   **Voin nyt paremmin.**
                                        [vojn nyt paremmin]

Está tudo em ordem.   **Se on okei.**
                                        [se on okej]

Tubo bem.   **Se on hyvä.**
                                        [se on hyʋæ]

Na farmácia

farmácia	**apteekki** [ɑpteːkki]
farmácia de serviço	**päivystävä apteekki** [pæjʋystæʋæ ɑpteːkki]
Onde fica a farmácia mais próxima?	**Missä on lähin apteekki?** [missæ on ʎæhin ɑpteːkki?]
Está aberto agora?	**Onko se nyt auki?** [oŋko se nyt ɑuki?]
A que horas abre?	**Milloin se aukeaa?** [millojn se ɑukeɑː?]
A que horas fecha?	**Milloin se menee kiinni?** [millojn se meneː kiːnni?]
Fica longe?	**Onko se kaukana?** [oŋko se kɑukɑnɑ?]
Posso ir até lá a pé?	**Voiko sinne kävellä?** [vojko sinne kæʋellæ?]
Pode-me mostrar no mapa?	**Voitko näyttää minulle kartalta?** [vojtko næyttæː minulle kɑrtɑltɑ?]
Por favor dê-me algo para ...	**Voisitko antaa minulle jotakin ...** [vojsitko ɑntɑː minulle jotɑkin ...]
as dores de cabeça	**päänsärkyyn** [pæːnsærkyːn]
a tosse	**yskään** [yskæːn]
o resfriado	**vilustumiseen** [ʋilustumiseːn]
a gripe	**flunssaan** [flunssɑːn]
a febre	**kuumeeseen** [kuːmeːseːn]
uma dor de estômago	**vatsakipuun** [ʋɑtsɑkipuːn]
as náuseas	**pahoinvointiin** [pɑhojnʋojntiːn]
a diarreia	**ripuliin** [ripuliːn]
a constipação	**ummetukseen** [ummetukseːn]
as dores nas costas	**selkäkipuun** [selkækipuːn]

as dores no peito	**rintakipuun** [rintakipu:n]
a sutura	**pistävään kipuun kyljessä** [pistæʋæ:n kipu:n kyljessæ]
as dores abdominais	**vatsakipuun** [ʋatsakipu:n]

comprimido	**pilleri** [pilleri]
unguento, creme	**voide** [ʋojde]
charope	**nestemäinen lääke** [nestemæjnen ʎæ:ke]
spray	**suihke** [sujhke]
dropes	**tipat** [tipɑt]

Você precisa de ir ao hospital.	**Sinun täytyy mennä sairaalaan.** [sinun tæyty: mennæ sɑjrɑ:lɑ:n]
seguro de saúde	**sairausvakuutus** [sɑjrɑusʋɑku:tus]
prescrição	**resepti** [resepti]
repelente de insetos	**hyönteiskarkote** [hyøntejskɑrkote]
penso rápido	**laastari** [lɑ:stɑri]

O mínimo

Desculpe, ...	**Anteeksi, ...** [ante:ksi, ...]
Olá!	**Hei.** [hej]
Obrigado /Obrigada/.	**Kiitos.** [ki:tos]
Adeus.	**Näkemiin.** [nækemi:n]
Sim.	**Kyllä.** [kyllæ]
Não.	**Ei.** [ej]
Não sei.	**En tiedä.** [en tiedæ]
Onde? | Para onde? | Quando?	**Missä? | Minne? | Milloin?** [missæ? | minne? | millojn?]

Preciso de ...	**Tarvitsen ...** [tarvitsen ...]
Eu queria ...	**Haluan ...** [haluan ...]
Tem ...?	**Onko sinulla ...?** [oŋko sinulla ...?]
Há aqui ...?	**Onko täällä ...?** [oŋko tæ:llæ ...?]
Posso ...?	**Voinko ...?** [vojŋko ...?]
..., por favor	**..., kiitos** [..., ki:tos]

Estou à procura de ...	**Etsin ...** [etsin ...]
casa de banho	**WC** [ʋɛsɛ]
Multibanco	**pankkiautomaatti** [paŋkkiautoma:tti]
farmácia	**apteekki** [apte:kki]
hospital	**sairaala** [sajra:la]
esquadra de polícia	**poliisiasema** [poli:siasema]
metro	**metro** [metro]

táxi	**taksi** [taksi]
estação de comboio	**rautatieasema** [rautatieasema]

Chamo-me ...	**Nimeni on ...** [nimeni on ...]
Como se chama?	**Mikä sinun nimesi on?** [mikæ sinun nimesi on?]
Pode-me dar uma ajuda?	**Voisitko auttaa minua?** [vojsitko autta: minua?]
Tenho um problema.	**Minulla on ongelma.** [minulla on oŋgelma]
Não me sinto bem.	**En voi hyvin.** [en uoj hyuin]
Chame a ambulância!	**Soita ambulanssi!** [sojta ambulanssi!]
Posso fazer uma chamada?	**Voisinko soittaa?** [vojsiŋko sojtta:?]

Desculpe.	**Olen pahoillani.** [olen pahojllani]
De nada.	**Ole hyvä.** [ole hyuæ]

eu	**minä | mä** [minæ | mæ]
tu	**sinä | sä** [sinæ | sæ]
ele	**hän | se** [hæn | se]
ela	**hän | se** [hæn | se]
eles	**he | ne** [he | ne]
elas	**he | ne** [he | ne]
nós	**me** [me]
vocês	**te** [te]
você	**sinä** [sinæ]

ENTRADA	**SISÄÄN** [sisæ:n]
SAÍDA	**ULOS** [ulos]
FORA DE SERVIÇO	**EPÄKUNNOSSA** [epækunnossa]
FECHADO	**SULJETTU** [suljettu]

ABERTO

AVOIN
[avojn]

PARA SENHORAS

NAISILLE
[naisille]

PARA HOMENS

MIEHILLE
[miehille]

DICIONÁRIO CONCISO

Esta secção contém mais
de 1.500 palavras úteis,
organizadas por ordem
alfabética. O dicionário inclui
muitos termos gastronômicos
e será útil quando pedir
comida num restaurante ou
comprar alimentos numa loja

T&P Books Publishing

CONTEÚDO DO DICIONÁRIO

T&P Books Publishing

tempo (m)	aika	[ajka]
hora (f)	tunti	[tunti]
meia hora (f)	puoli tuntia	[puoli tuntia]
minuto (m)	minuutti	[minu:tti]
segundo (m)	sekunti	[sekunti]

hoje	tänään	[tænæ:n]
amanhã	huomenna	[huomeŋa]
ontem	eilen	[ejlen]

segunda-feira (f)	maanantai	[ma:nantaj]
terça-feira (f)	tiistai	[ti:istaj]
quarta-feira (f)	keskiviikko	[keskiʋi:ikko]
quinta-feira (f)	torstai	[torstaj]
sexta-feira (f)	perjantai	[perʰjantaj]
sábado (m)	lauantai	[lauantaj]
domingo (m)	sunnuntai	[suŋuntaj]

dia (m)	päivä	[pæjʋæ]
dia (m) de trabalho	työpäivä	[tyøpæjʋæ]
feriado (m)	juhlapäivä	[juhlapæjʋæ]
fim (m) de semana	viikonloppu	[ʋi:ikon loppu]

semana (f)	viikko	[ʋi:ikko]
na semana passada	viime viikolla	[ʋi:ime ʋi:ikolla]
na próxima semana	ensi viikolla	[ensi ʋi:ikolla]

nascer (m) do sol	auringonnousu	[auriŋon nousu]
pôr do sol (m)	auringonlasku	[auriŋon lasku]

de manhã	aamulla	[a:mulla]
à tarde	iltapäivällä	[ilta pæjʋæʎæ]

à noite (noitinha)	illalla	[illalla]
hoje à noite	tänä iltana	[tæŋæ iltana]

à noite	yöllä	[yøʎæ]
meia-noite (f)	puoliyö	[puoli yø]

janeiro (m)	tammikuu	[tammiku:]
fevereiro (m)	helmikuu	[helmiku:]
março (m)	maaliskuu	[ma:lisku:]
abril (m)	huhtikuu	[huhtiku:]
maio (m)	toukokuu	[toukoku:]
junho (m)	kesäkuu	[kesæku:]

julho (m)	heinäkuu	[hejɲæku:]
agosto (m)	elokuu	[eloku:]
setembro (m)	syyskuu	[sy:sku:]
outubro (m)	lokakuu	[lokaku:]
novembro (m)	marraskuu	[marrasku:]
dezembro (m)	joulukuu	[øuluku:]

na primavera	keväällä	[keʋæ:ʎæ]
no verão	kesällä	[kesæʎæ]
no outono	syksyllä	[syksyʎæ]
no inverno	talvella	[taluella]

mês (m)	kuukausi	[ku:kausi]
estação (f)	kausi	[kausi]
ano (m)	vuosi	[uuosi]
século (m)	vuosisata	[uuosisata]

2. Números. Numeração

algarismo, dígito (m)	numero	[numero]
número (m)	luku	[luku]
menos (m)	miinus	[mi:inus]
mais (m)	plus	[plus]
soma (f)	summa	[summa]

primeiro	ensimmäinen	[ensimmæjnen]
segundo	toinen	[tojnen]
terceiro	kolmas	[kolmas]

zero	nolla	[nolla]
um	yksi	[yksi]
dois	kaksi	[kaksi]
três	kolme	[kolme]
quatro	neljä	[nelʰjæ]

cinco	viisi	[ui:isi]
seis	kuusi	[ku:si]
sete	seitsemän	[sejtsemæn]
oito	kahdeksan	[kahdeksan]
nove	yhdeksän	[yhdeksæn]
dez	kymmenen	[kymmenen]

onze	yksitoista	[yksi tojsta]
doze	kaksitoista	[kaksi tojsta]
treze	kolmetoista	[kolme tojsta]
catorze	neljätoista	[nelʰjæ tojsta]
quinze	viisitoista	[ui:isi tojsta]

dezasseis	kuusitoista	[ku:si tojsta]
dezassete	seitsemäntoista	[sejtsemæn tojsta]

| dezoito | kahdeksantoista | [kahdeksan tojsta] |
| dezanove | yhdeksäntoista | [yhdeksæn tojsta] |

vinte	kaksikymmentä	[kaksi kymmentæ]
trinta	kolmekymmentä	[kolme kymmentæ]
quarenta	neljäkymmentä	[nelʰjæ kymmentæ]
cinquenta	viisikymmentä	[ʋi:isi kymmentæ]

sessenta	kuusikymmentä	[ku:si kymmentæ]
setenta	seitsemänkymmentä	[sejtsemæn kymmentæ]
oitenta	kahdeksankymmentä	[kahdeksan kymmentæ]
noventa	yhdeksänkymmentä	[yhdeksæn kymmentæ]

cem	sata	[sata]
duzentos	kaksisataa	[kaksi sata:]
trezentos	kolmesataa	[kolme sata:]
quatrocentos	neljäsataa	[nelʰjæ sata:]
quinhentos	viisisataa	[ʋi:isi sata:]

seiscentos	kuusisataa	[ku:si sata:]
setecentos	seitsemänsataa	[sejtsemæn sata:]
oitocentos	kahdeksansataa	[kahdeksan sata:]
novecentos	yhdeksänsataa	[yhdeksæn sata:]
mil	tuhat	[tuhat]

| dez mil | kymmenentuhatta | [kymmenen tuhatta] |
| cem mil | satatuhatta | [sata tuhatta] |

| um milhão | miljoona | [milʰø:na] |
| mil milhões | miljardi | [milʰjardi] |

3. Humanos. Família

homem (m)	mies	[mies]
jovem (m)	nuorukainen	[nuorukajnen]
adolescente (m)	teini-ikäinen	[tejni ikæjnen]
mulher (f)	nainen	[najnen]
rapariga (f)	neiti	[nejti]

idade (f)	ikä	[ikæ]
adulto	aikuinen	[ajkujnen]
de meia-idade	keski-ikäinen	[keski ikæjnen]
de certa idade	iäkäs	[jækæs]
idoso	vanha	[ʋanha]

velhote (m)	vanhus	[ʋanhus]
velhota (f)	eukko	[eukko]
reforma (f)	eläke	[eʎæke]
reformar-se (vp)	jäädä eläkkeelle	[jæ:dæ eʎ ække:lle]
reformado (m)	eläkeläinen	[eʎ ækeʎæjnen]

mãe (f)	äiti	[æjti]
pai (m)	isä	[isæ]
filho (m)	poika	[pojkɑ]
filha (f)	tytär	[tytær]
irmão (m)	veli	[ʋeli]
irmã (f)	sisar	[sisɑr]

pais (pl)	vanhemmat	[ʋɑnhemmɑt]
criança (f)	lapsi	[lɑpsi]
crianças (f pl)	lapset	[lɑpset]
madrasta (f)	äitipuoli	[æjtipuoli]
padrasto (m)	isäpuoli	[isæpuoli]

avó (f)	isoäiti	[isoæjti]
avô (m)	isoisä	[isoisæ]
neto (m)	lapsenlapsi	[lɑpsenlɑpsi]
neta (f)	lapsenlapsi	[lɑpsenlɑpsi]
netos (pl)	lastenlapset	[lɑsten lɑpset]

tio (m)	setä	[setæ]
tia (f)	täti	[tæti]
sobrinho (m)	veljenpoika	[ʋeʎæn pojkɑ]
sobrinha (f)	sisarenpoika	[sisɑren pojkɑ]

mulher (f)	vaimo	[ʋɑjmo]
marido (m)	mies	[mies]
casado	naimisissa oleva	[nɑjmisissɑ oleʋɑ]
casada	naimisissa oleva	[nɑjmisissɑ oleʋɑ]
viúva (f)	leski	[leski]
viúvo (m)	leski	[leski]

nome (m)	nimi	[nimi]
apelido (m)	sukunimi	[sukunimi]

parente (m)	sukulainen	[sukulɑjnen]
amigo (m)	ystävä	[ystæʋæ]
amizade (f)	ystävyys	[ystæʋy:s]

parceiro (m)	partneri	[pɑrtneri]
superior (m)	päällikkö	[pæ:likkø]
colega (m)	virkatoveri	[ʋirkɑ toʋeri]
vizinhos (pl)	naapurit	[nɑ:purit]

4. Corpo humano

organismo (m)	elimistö	[elimistø]
corpo (m)	vartalo	[ʋɑrtɑlo]
coração (m)	sydän	[sydæn]
sangue (m)	veri	[ʋeri]
cérebro (m)	aivot	[ɑjʋot]

nervo (m)	hermo	[hermo]
osso (m)	luu	[lu:]
esqueleto (m)	luuranko	[lu:raŋko]
coluna (f) vertebral	selkäranka	[selkæraŋka]
costela (f)	kylkiluu	[kylkilu:]
crânio (m)	pääkallo	[pæ:kallo]

músculo (m)	lihas	[lihas]
pulmões (m pl)	keuhkot	[keuhkot]
pele (f)	iho	[iho]

cabeça (f)	pää	[pæ:]
cara (f)	kasvot	[kasʋot]
nariz (m)	nenä	[neɲæ]
testa (f)	otsa	[otsa]
bochecha (f)	poski	[poski]

boca (f)	suu	[su:]
língua (f)	kieli	[kieli]
dente (m)	hammas	[hammas]
lábios (m pl)	huulet	[hu:let]
queixo (m)	leuka	[leuka]

orelha (f)	korva	[korʋa]
pescoço (m)	kaula	[kaula]
garganta (f)	kurkku	[kurkku]
olho (m)	silmä	[silmæ]
pupila (f)	silmäterä	[silmæteræ]
sobrancelha (f)	kulmakarva	[kulmakarʋa]
pestana (f)	ripsi	[ripsi]

cabelos (m pl)	hiukset	[hiukset]
penteado (m)	kampaus	[kampaus]
bigode (m)	viikset	[ʋi:ikset]
barba (f)	parta	[parta]
usar, ter (~ barba, etc.)	hänellä on parta	[hæneʎæ on parta]
calvo	kaljupäinen	[kalʰjupæjnen]

mão (f)	käsi	[kæsi]
braço (m)	käsivarsi	[kæsiʋarssi]
unha (f)	kynsi	[kynsi]
palma (f) da mão	kämmen	[kæmmen]

ombro (m)	hartia	[hartia]
perna (f)	jalka	[jalka]
pé (m)	jalkaterä	[jalkateræ]
joelho (m)	polvi	[polʋi]
talão (m)	kantapää	[kantapæ:]

costas (f pl)	selkä	[selkæ]
cintura (f)	vyötärö	[ʋyøtærø]
sinal (m)	luomi	[luomi]

5. Medicina. Doenças. Drogas

saúde (f)	terveys	[terʋeys]
são	terve	[terʋe]
doença (f)	sairaus	[sɑjrɑus]
estar doente	sairastaa	[sɑjrɑstɑ:]
doente	sairas	[sɑjrɑs]
constipação (f)	vilustus	[ʋilustus]
constipar-se (vp)	vilustua	[ʋilustuɑ]
amigdalite (f)	angiina	[ɑŋi:inɑ]
pneumonia (f)	keuhkotulehdus	[keuhko tulehdus]
gripe (f)	influenssa	[influenssɑ]
nariz (m) a escorrer	nuha	[nuhɑ]
tosse (f)	yskä	[yskæ]
tossir (vi)	yskiä	[yskiæ]
espirrar (vi)	aivastella	[ɑjʋɑstellɑ]
AVC (m), apoplexia (f)	insultti	[insultti]
ataque (m) cardíaco	infarkti	[infɑrkti]
alergia (f)	allergia	[ɑllergi:ɑ]
asma (f)	astma	[ɑstmɑ]
diabetes (f)	sokeritauti	[sokeritɑuti]
tumor (m)	kasvain	[kɑsʋɑjn]
cancro (m)	syöpä	[syøpæ]
alcoolismo (m)	alkoholismi	[ɑlkoholismi]
SIDA (f)	AIDS	[ɑjds]
febre (f)	kuume	[ku:me]
enjoo (m)	merisairaus	[merisɑjrɑus]
nódoa (f) negra	mustelma	[mustelmɑ]
galo (m)	kuhmu	[kuhmu]
coxear (vi)	ontua	[ontuɑ]
deslocação (f)	niukahdus	[niukɑhdus]
deslocar (vt)	niukahtaa	[niukɑhtɑ:]
fratura (f)	murtuma	[murtumɑ]
queimadura (f)	palohaava	[pɑloha:ʋɑ]
lesão (m)	vaurio	[ʋɑurio]
dor (f)	kipu	[kipu]
dor (f) de dentes	hammassärky	[hɑmmɑs særky]
suar (vi)	hikoilla	[hikojllɑ]
surdo	kuuro	[ku:ro]
mudo	mykkä	[mykkæ]
imunidade (f)	immuniteetti	[immunite:tti]
vírus (m)	virus	[ʋirus]
micróbio (m)	mikrobi	[mikrobi]

bactéria (f)	bakteeri	[bakte:ri]
infeção (f)	tartunta	[tartunta]

hospital (m)	sairaala	[sɑjrɑ:lɑ]
cura (f)	lääkintä	[læ:kintæ]
vacinar (vt)	rokottaa	[rokotta:]
estar em coma	olla koomassa	[olla ko:massa]
reanimação (f)	hoitokoti	[hojtokoti]
sintoma (m)	oire	[ojre]
pulso (m)	syke	[syke]

6. Sentimentos. Emoções. Conversação

eu	minä	[miɲæ]
tu	sinä	[siɲæ]
ele	hän	[ħæn]
ela	hän	[ħæn]
ele, ela	se	[se]

nós	me	[me]
vocês	te	[te]
eles, -as	he	[he]

Olá!	Hei!	[hej]
Bom dia! (formal)	Hei!	[hej]
Bom dia! (de manhã)	Hyvää huomenta!	[hyʋæ: huomenta]
Boa tarde!	Hyvää päivää!	[hyʋæ: pæjʋæ:]
Boa noite!	Hyvää iltaa!	[hyʋæ: iltɑ:]

cumprimentar (vt)	tervehtiä	[terʋehtiæ]
saudar (vt)	tervehtiä	[terʋehtiæ]
Como vai?	Mitä kuuluu?	[mitæ ku:lu:]
Até à vista!	Näkemiin!	[ɲækemi:in]
Obrigado! -a!	Kiitos!	[ki:itos]

sentimentos (m pl)	tunteet	[tunte:t]
ter fome	olla nälkä	[olla ɲælkæ]
ter sede	olla jano	[olla æno]
cansado	väsynyt	[ʋæsynyt]

preocupar-se (vp)	olla huolissaan	[olla huolissa:n]
estar nervoso	hermostua	[hermostua]
esperança (f)	toivo	[tojʋo]
esperar (vt)	toivoa	[tojʋoɑ]

caráter (m)	luonne	[luoɲe]
modesto	vaatimaton	[ʋɑ:timaton]
preguiçoso	laiska	[lɑjskɑ]
generoso	antelias	[antelias]
talentoso	lahjakas	[lahʰjakɑs]

honesto	rehellinen	[rehellinen]
sério	vakava	[ʋɑkɑʋɑ]
tímido	arka	[ɑrkɑ]
sincero	vilpitön	[ʋilpitøn]
cobarde (m)	pelkuri	[pelkuri]

dormir (vi)	nukkua	[nukkuɑ]
sonho (m)	uni	[uni]
cama (f)	sänky	[sæŋky]
almofada (f)	tyyny	[ty:ny]

insónia (f)	unettomuus	[unettomu:s]
ir para a cama	mennä nukkumaan	[meŋæ nukkumɑ:n]
pesadelo (m)	painajainen	[pɑjnɑjæjnen]
despertador (m)	herätyskello	[herætys kello]

sorriso (m)	hymy	[hymy]
sorrir (vi)	hymyillä	[hymyjʎæ]
rir (vi)	nauraa	[nɑurɑ:]

discussão (f)	riita	[ri:itɑ]
insulto (m)	loukkaus	[loukkɑus]
ofensa (f)	loukkaus	[loukkɑus]
zangado	vihainen	[ʋihɑjnen]

7. Vestuário. Acessórios pessoais

roupa (f)	vaatteet	[ʋɑ:tte:t]
sobretudo (m)	takki	[tɑkki]
casaco (m) de peles	turkki	[turkki]
casaco, blusão (m)	takki	[tɑkki]
impermeável (m)	sadetakki	[sɑdetɑkki]

camisa (f)	paita	[pɑjtɑ]
calças (f pl)	housut	[housut]
casaco (m) de fato	takki	[tɑkki]
fato (m)	puku	[puku]

vestido (ex. ~ vermelho)	leninki	[leniŋki]
saia (f)	hame	[hɑme]
T-shirt, camiseta (f)	T-paita	[tepɑjtɑ]
roupão (m) de banho	froteinen aamutakki	[frotejnen ɑ:mutɑkki]
pijama (m)	pyjama	[pyjɑmɑ]
roupa (f) de trabalho	työvaatteet	[tyøʋɑ:tte:t]

roupa (f) interior	alusvaatteet	[ɑlusʋɑ:tte:t]
peúgas (f pl)	sukat	[sukɑt]
sutiã (m)	rintaliivit	[rintɑli:iʋit]
meias-calças (f pl)	sukkahousut	[sukkɑhousut]
meias (f pl)	sukat	[sukɑt]

fato (m) de banho	uimapuku	[ujmapuku]
chapéu (m)	hattu	[hattu]
calçado (m)	jalkineet	[jalkine:t]
botas (f pl)	saappaat	[sa:ppa:t]
salto (m)	korko	[korko]
atacador (m)	nauhat	[nauhat]
graxa (f) para calçado	kenkävoide	[keŋkæʋojde]
algodão (m)	puuvilla	[pu:ʋila]
lã (f)	villa	[ʋila]
pele (f)	turkis	[turkis]
luvas (f pl)	käsineet	[kæsine:t]
mitenes (f pl)	lapaset	[lapaset]
cachecol (m)	kaulaliina	[kaulali:ina]
óculos (m pl)	silmälasit	[silmælasit]
guarda-chuva (m)	sateenvarjo	[sate:nʋarø]
gravata (f)	solmio	[solmio]
lenço (m)	nenäliina	[neŋæ li:ina]
pente (m)	kampa	[kampa]
escova (f) para o cabelo	hiusharja	[hiusharʰja]
fivela (f)	solki	[solki]
cinto (m)	vyö	[ʋyø]
bolsa (f) de senhora	käsilaukku	[kæsilaukku]
colarinho (m), gola (f)	kaulus	[kaulus]
bolso (m)	tasku	[tasku]
manga (f)	hiha	[hiha]
braguilha (f)	halkio	[halkio]
fecho (m) de correr	vetoketju	[ʋetoketʲju]
botão (m)	nappi	[nappi]
sujar-se (vp)	tahraantua	[tahra:ntua]
mancha (f)	tahra	[tahra]

8. Cidade. Instituições urbanas

loja (f)	kauppa	[kauppa]
centro (m) comercial	kauppakeskus	[kauppa keskus]
supermercado (m)	supermarketti	[supermarketti]
sapataria (f)	kenkäkauppa	[keŋkækauppa]
livraria (f)	kirjakauppa	[kirʰja kauppa]
farmácia (f)	apteekki	[apte:kki]
padaria (f)	leipäkauppa	[lejpækauppa]
pastelaria (f)	konditoria	[konditoria]
mercearia (f)	sekatavarakauppa	[sekataʋara kauppa]
talho (m)	lihakauppa	[lihakauppa]

loja (f) de legumes	vihanneskauppa	[ʋihaŋes kauppa]
mercado (m)	kauppatori	[kauppatori]
salão (m) de cabeleireiro	parturinliike	[parturin liːike]
correios (m pl)	posti	[posti]
lavandaria (f)	kemiallinen pesu	[kemiallinen pesu]
circo (m)	sirkus	[sirkus]
jardim (m) zoológico	eläintarha	[eʎæjntarha]
teatro (m)	teatteri	[teatteri]
cinema (m)	elokuvateatteri	[elokuʋa teatteri]
museu (m)	museo	[museo]
biblioteca (f)	kirjasto	[kirʰjasto]
mesquita (f)	moskeija	[moskeja]
sinagoga (f)	synagoga	[synagoga]
catedral (f)	tuomiokirkko	[tuomiokirkko]
templo (m)	temppeli	[temppeli]
igreja (f)	kirkko	[kirkko]
instituto (m)	instituutti	[instituːtti]
universidade (f)	yliopisto	[yliopisto]
escola (f)	koulu	[koulu]
hotel (m)	hotelli	[hotelli]
banco (m)	pankki	[paŋkki]
embaixada (f)	suurlähetystö	[suːr ʎæhetystø]
agência (f) de viagens	matkatoimisto	[matka tojmisto]
metro (m)	metro	[metro]
hospital (m)	sairaala	[sajraːla]
posto (m) de gasolina	bensiiniasema	[bensiːini asema]
parque (m)	parkkipaikka	[parkki pajkka]
de estacionamento		
ENTRADA	SISÄÄN	[sisæːn]
SAÍDA	ULOS	[ulos]
EMPURRE	TYÖNNÄ	[tyøŋæ]
PUXE	VEDÄ	[ʋedæ]
ABERTO	AUKI	[auki]
FECHADO	KIINNI	[kiːiɳi]
monumento (m)	patsas	[patsas]
fortaleza (f)	linna	[liɳa]
palácio (m)	palatsi	[palatsi]
medieval	keskiaikainen	[keskiajkajnen]
antigo	vanha	[ʋanha]
nacional	kansallinen	[kansallinen]
conhecido	tunnettu	[tuɳettu]

9. Dinheiro. Finanças

dinheiro (m)	rahat	[rahat]
moeda (f)	kolikko	[kolikko]
dólar (m)	dollari	[dollari]
euro (m)	euro	[euro]
Caixa Multibanco (m)	pankkiautomaatti	[paŋkki automaːtti]
casa (f) de câmbio	vaihtopiste	[vajhtopiste]
taxa (f) de câmbio	kurssi	[kurssi]
dinheiro (m) vivo	käteinen	[kætejnen]
Quanto?	Kuinka paljon?	[kuiŋka palʰon]
pagar (vt)	maksaa	[maksaː]
pagamento (m)	maksu	[maksu]
troco (m)	vaihtoraha	[vajhtoraha]
preço (m)	hinta	[hinta]
desconto (m)	alennus	[aleŋus]
barato	halpa	[halpa]
caro	kallis	[kallis]
banco (m)	pankki	[paŋkki]
conta (f)	tili	[tili]
cartão (m) de crédito	luottokortti	[luotto kortti]
cheque (m)	kuitti	[kujtti]
passar um cheque	kirjoittaa shekki	[kirʰojttaː ʃekki]
livro (m) de cheques	sekkivihko	[seːkkivihko]
dívida (f)	velka	[velka]
devedor (m)	velallinen	[velallinen]
emprestar (vt)	lainata jollekulle	[lajnata ølekulle]
pedir emprestado	lainata joltakulta	[lajnata øltakulta]
alugar (vestidos, etc.)	vuokrata	[vuokrata]
a crédito	luotolla	[luotolla]
carteira (f)	lompakko	[lompakko]
cofre (m)	kassakaappi	[kassakaːppi]
herança (f)	perintö	[perintø]
fortuna (riqueza)	omaisuus	[omajsuːs]
imposto (m)	vero	[vero]
multa (f)	sakko	[sakko]
multar (vt)	sakottaa	[sakottaː]
grossista	tukku-	[tukku]
a retalho	vähittäis-	[væhittæjs]
fazer um seguro	vakuuttaa	[vakuːttaː]
seguro (m)	vakuutus	[vakuːtus]
capital (m)	pääoma	[pæːoma]
volume (m) de negócios	kierto	[kierto]

ação (f)	osake	[osɑke]
lucro (m)	voitto	[ʋojtto]
lucrativo	edullinen	[edullinen]
crise (f)	kriisi	[kri:isi]
bancarrota (f)	vararikko	[ʋɑrɑrikko]
entrar em falência	tehdä vararikko	[tehdæ ʋɑrɑrikko]
contabilista (m)	kirjanpitäjä	[kirʰjɑnpitæjæ]
salário, ordenado (m)	palkka	[pɑlkkɑ]
prémio (m)	palkinto	[pɑlkinto]

10. Transportes

autocarro (m)	bussi	[bussi]
elétrico (m)	raitiovaunu	[rɑjtioʋɑunu]
troleicarro (m)	johdinauto	[øhdin ɑuto]
ir de … (carro, etc.)	mennä …	[menæ]
entrar (~ no autocarro)	nousta	[noustɑ]
descer de …	astua ulos	[ɑstuɑ ulos]
paragem (f)	pysäkki	[pysækki]
ponto (m) final	viimeinen pysäkki	[ʋi:imejnen pysækki]
horário (m)	aikataulu	[ɑjkɑtɑulu]
bilhete (m)	lippu	[lippu]
atrasar-se (vp)	myöhästyä	[myøhæstyæ]
táxi (m)	taksi	[tɑksi]
de táxi (ir ~)	taksilla	[tɑksillɑ]
praça (f) de táxis	taksiasema	[tɑksiɑsemɑ]
tráfego (m)	katuliikenne	[kɑtuli:ikeŋe]
horas (f pl) de ponta	ruuhka-aika	[ru:hkɑ ɑjkɑ]
estacionar (vi)	pysäköidä	[pysækøjdæ]
metro (m)	metro	[metro]
estação (f)	asema	[ɑsemɑ]
comboio (m)	juna	[junɑ]
estação (f)	rautatieasema	[rɑutɑtieɑsemɑ]
trilhos (m pl)	ratakiskot	[rɑtɑkiskot]
compartimento (m)	vaununosasto	[ʋɑunun osɑsto]
cama (f)	vuode	[ʋuode]
avião (m)	lentokone	[lentokone]
bilhete (m) de avião	lentolippu	[lentolippu]
companhia (f) aérea	lentoyhtiö	[lentoyhtiø]
aeroporto (m)	lentoasema	[lentoɑsemɑ]
voo (m)	lento	[lento]
bagagem (f)	matkatavarat	[mɑtkɑtɑʋɑrɑt]

carrinho (m)	matkatavarakärryt	[mɑtkɑtɑʋɑrɑt kærryt]
navio (m)	laiva	[lɑjʋɑ]
transatlântico (m)	risteilijä	[ristejlijæ]
iate (m)	pursi	[pursi]
bote, barco (m)	jolla	[øllɑ]

capitão (m)	kapteeni	[kɑpte:ni]
camarote (m)	hytti	[hytti]
porto (m)	satama	[sɑtɑmɑ]

bicicleta (f)	polkupyörä	[polkupyøræ]
scotter, lambreta (f)	skootteri	[sko:tteri]
mota (f)	moottoripyörä	[mo:ttori pyøræ]
pedal (m)	poljin	[polʰjın]
bomba (f) de ar	pumppu	[pumppu]
roda (f)	pyörä	[pyøræ]

carro, automóvel (m)	auto	[ɑuto]
ambulância (f)	ambulanssi	[ɑmbulɑnssi]
camião (m)	kuorma-auto	[kuormɑ ɑuto]
usado	käytetty	[kæutetty]
acidente (m) de carro	vaurio	[ʋɑurio]
reparação (f)	korjaus	[korʰjɑus]

11. Comida. Parte 1

carne (f)	liha	[lihɑ]
galinha (f)	kana	[kɑnɑ]
pato (m)	ankka	[ɑŋkkɑ]

carne (f) de porco	sianliha	[siɑn lihɑ]
carne (f) de vitela	vasikanliha	[ʋɑsikɑn lihɑ]
carne (f) de carneiro	lampaanliha	[lɑmpɑ:n lihɑ]
carne (f) de vaca	naudanliha	[nɑudɑn lihɑ]

chouriço (m)	makkara	[mɑkkɑrɑ]
ovo (m)	muna	[munɑ]
peixe (m)	kala	[kɑlɑ]
queijo (m)	juusto	[ju:sto]
açúcar (m)	sokeri	[sokeri]
sal (m)	suola	[suolɑ]

arroz (m)	riisi	[ri:isi]
massas (f pl)	makaronit	[mɑkɑronit]
manteiga (f)	voi	[ʋoj]
óleo (m)	kasviöljy	[kɑsʋi ølʰy]
pão (m)	leipä	[lejpæ]
chocolate (m)	suklaa	[suklɑ:]
vinho (m)	viini	[ʋi:ini]
café (m)	kahvi	[kɑhʋi]

leite (m)	maito	[majto]
sumo (m)	mehu	[mehu]
cerveja (f)	olut	[olut]
chá (m)	tee	[te:]

tomate (m)	tomaatti	[tomɑ:tti]
pepino (m)	kurkku	[kurkku]
cenoura (f)	porkkana	[porkkɑnɑ]
batata (f)	peruna	[perunɑ]
cebola (f)	sipuli	[sipuli]
alho (m)	valkosipuli	[ʋɑlko sipuli]

couve (f)	kaali	[kɑ:li]
beterraba (f)	punajuuri	[punɑju:ri]
beringela (f)	munakoiso	[munɑkojso]
funcho, endro (m)	tilli	[tilli]
alface (f)	salaatti	[sɑlɑ:tti]
milho (m)	maissi	[majssi]

fruta (f)	hedelmä	[hedelmæ]
maçã (f)	omena	[omenɑ]
pera (f)	päärynä	[pæ:ryɲæ]
limão (m)	sitruuna	[sitru:nɑ]
laranja (f)	appelsiini	[ɑppelsi:ini]
morango (m)	mansikka	[mɑnsikkɑ]

ameixa (f)	luumu	[lu:mu]
framboesa (f)	vadelma	[ʋɑdelmɑ]
ananás (m)	ananas	[ɑnɑnɑs]
banana (f)	banaani	[bɑnɑ:ni]
melancia (f)	vesimeloni	[ʋesi meloni]
uva (f)	viinirypäleet	[ʋi:inirypæle:t]
meloa (f)	meloni	[meloni]

12. Comida. Parte 2

cozinha (~ portuguesa)	keittiö	[kejttiø]
receita (f)	resepti	[resepti]
comida (f)	ruoka	[ruokɑ]

tomar o pequeno-almoço	syödä aamiaista	[syødæ ɑ:miɑjstɑ]
almoçar (vi)	syödä päivällistä	[syødæ pæjuællistæ]
jantar (vi)	illastaa	[illɑstɑ:]

sabor, gosto (m)	maku	[mɑku]
gostoso	maukas	[mɑukɑs]
frio	kylmä	[kylmæ]
quente	kuuma	[ku:mɑ]
doce (açucarado)	makea	[mɑkeɑ]
salgado	suolainen	[suolɑjnen]

sandes (f)	voileipä	[ʋoj lejpæ]
conduto (m)	lisäke	[lisæke]
recheio (m)	täyte	[tæyte]
molho (m)	kastike	[kastike]
pedaço (~ de bolo)	pala	[pala]
dieta (f)	dieetti	[die:ti]
vitamina (f)	vitamiini	[ʋitami:ini]
caloria (f)	kalori	[kalori]
vegetariano (m)	kasvissyöjä	[kasʋissyøjæ]
restaurante (m)	ravintola	[raʋintola]
café (m)	kahvila	[kahʋila]
apetite (m)	ruokahalu	[ruokahalu]
Bom apetite!	Hyvää ruokahalua!	[hyʋæ: ruokahalua]
empregado (m) de mesa	tarjoilija	[tarʰøjlija]
empregada (f) de mesa	tarjoilijatar	[tarʰøjlijatar]
barman (m)	baarimestari	[ba:rimestari]
ementa (f)	ruokalista	[ruoka lista]
colher (f)	lusikka	[lusikka]
faca (f)	veitsi	[ʋejtsi]
garfo (m)	haarukka	[ha:rukka]
chávena (f)	kuppi	[kuppi]
prato (m)	lautanen	[lautanen]
pires (m)	teevati	[te:ʋati]
guardanapo (m)	lautasliina	[lautasli:ina]
palito (m)	hammastikku	[hammas tikku]
pedir (vt)	tilata	[tilata]
prato (m)	ruoka	[ruoka]
porção (f)	annos	[aŋos]
entrada (f)	alkupalat	[alkupalat]
salada (f)	salaatti	[sala:tti]
sopa (f)	keitto	[kejtto]
sobremesa (f)	jälkiruoka	[jælkiruoka]
doce (m)	hillo	[hillo]
gelado (m)	jäätelö	[jæ:telø]
conta (f)	lasku	[lasku]
pagar a conta	maksaa lasku	[maksa: lasku]
gorjeta (f)	juomaraha	[juomaraha]

13. Casa. Apartamento. Parte 1

casa (f)	koti	[koti]
casa (f) de campo	maatalo	[ma:talo]

vila (f)	huvila	[huʋila]
andar (m)	kerros	[kerros]
entrada (f)	rappu	[rɑppu]
parede (f)	seinä	[sejnæ]
telhado (m)	katto	[katto]
chaminé (f)	savupiippu	[sɑʋupi:ippu]
sótão (m)	ullakko	[ullɑkko]
janela (f)	ikkuna	[ikkunɑ]
parapeito (m)	ikkunalauta	[ikkunɑ lɑutɑ]
varanda (f)	parveke	[pɑrʋeke]
escada (f)	portaat	[portɑ:t]
caixa (f) de correio	postilaatikko	[postilɑ:tikko]
caixote (m) do lixo	roskis	[roskis]
elevador (m)	hissi	[hissi]
eletricidade (f)	sähkö	[sæhkø]
lâmpada (f)	lamppu	[lɑmppu]
interruptor (m)	kytkin	[kytkin]
tomada (f)	pistorasia	[pistorɑsiɑ]
fusível (m)	suojalaite	[suojɑlɑjte]
porta (f)	ovi	[oʋi]
maçaneta (f)	kahva	[kɑhʋɑ]
chave (f)	avain	[ɑʋɑjn]
tapete (m) de entrada	matto	[mɑtto]
fechadura (f)	lukko	[lukko]
campainha (f)	ovikello	[oʋikello]
batida (f)	koputus	[koputus]
bater (vi)	koputtaa	[koputtɑ:]
vigia (f), olho (m) mágico	ovisilmä	[oʋisilmæ]
pátio (m)	piha	[pihɑ]
jardim (m)	puutarha	[pu:tɑrhɑ]
piscina (f)	uima-allas	[ujmɑ ɑllɑs]
ginásio (m)	urheiluhalli	[urhejluhɑlli]
campo (m) de ténis	tenniskenttä	[teŋis kenttæ]
garagem (f)	autotalli	[ɑutotɑlli]
propriedade (f) privada	yksityisomaisuus	[yksityjs omɑjsu:s]
sinal (m) de aviso	varoituskirjoitus	[ʋɑrojtus kirʰøjtus]
guarda (f)	vartio	[ʋɑrtio]
guarda (m)	vartija	[ʋɑrtijɑ]
renovação (f)	remontti	[remontti]
renovar (vt), fazer obras	remontoida	[remontoidɑ]
arranjar (vt)	panna järjestykseen	[pɑŋɑ jærʰjestykse:n]
pintar (vt)	maalata	[mɑ:lɑtɑ]
papel (m) de parede	tapetit	[tɑpetit]
envernizar (vt)	lakata	[lɑkɑtɑ]

tubo (m)	putki	[putki]
ferramentas (f pl)	instrumentti	[instrumentti]
cave (f)	kellari	[kellari]
sistema (m) de esgotos	viemäri	[ʋiemæri]

14. Casa. Apartamento. Parte 2

apartamento (m)	asunto	[asunto]
quarto (m)	huone	[huone]
quarto (m) de dormir	makuuhuone	[maku: huone]
sala (f) de jantar	ruokailuhuone	[ruokajlu huone]
sala (f) de estar	vierashuone	[ʋieras huone]
escritório (m)	työhuone	[tyøhuone]
antessala (f)	eteinen	[etejnen]
quarto (m) de banho	kylpyhuone	[kylpyhuone]
quarto (m) de banho	vessa	[ʋessa]
chão, soalho (m)	lattia	[lattia]
teto (m)	katto	[katto]
limpar o pó	pyyhkiä pölyt pois	[py:hkiæ pølyt pojs]
aspirador (m)	pölynimuri	[pølynimuri]
aspirar (vt)	imuroida	[imurojda]
esfregona (f)	lattiaharja	[lattiaharʰæ]
pano (m), trapo (m)	rätti	[rætti]
vassoura (f)	luuta	[lu:ta]
pá (f) de lixo	rikkalapio	[rikkalapio]
mobiliário (m)	huonekalut	[huonekalut]
mesa (f)	pöytä	[pøytæ]
cadeira (f)	tuoli	[tuoli]
cadeirão (m)	nojatuoli	[nojatuoli]
biblioteca (f)	kaappi	[ka:ppi]
prateleira (f)	hylly	[hylly]
guarda-vestidos (m)	vaatekaappi	[ʋa:te ka:ppi]
espelho (m)	peili	[pejli]
tapete (m)	matto	[matto]
lareira (f)	takka	[takka]
cortinas (f pl)	kaihtimet	[kajhtimet]
candeeiro (m) de mesa	pöytälamppu	[pøytæ lamppu]
lustre (m)	kattokruunu	[kattokru:nu]
cozinha (f)	keittiö	[kejttiø]
fogão (m) a gás	kaasuliesi	[ka:su liesi]
fogão (m) elétrico	sähköhella	[sæhkø hella]
forno (m) de micro-ondas	mikroaaltouuni	[mikro a:lto u:ni]

frigorífico (m)	jääkaappi	[jæːkɑːppi]
congelador (m)	pakastin	[pɑkɑstin]
máquina (f) de lavar louça	astianpesukone	[ɑstiɑnpesukone]
torneira (f)	hana	[hɑnɑ]

moedor (m) de carne	lihamylly	[lihɑmylly]
espremedor (m)	mehunpuristin	[mehun puristin]
torradeira (f)	leivänpaahdin	[lejʋæn pɑːhdin]
batedeira (f)	sekoitin	[sekojtin]

máquina (f) de café	kahvinkeitin	[kɑhʋiŋkejtin]
chaleira (f)	teepannu	[teːpɑɲu]
bule (m)	teekannu	[teːkɑɲu]

televisor (m)	televisio	[teleʋisio]
videogravador (m)	videonauhuri	[ʋideonɑuhuri]
ferro (m) de engomar	silitysrauta	[silitys rɑutɑ]
telefone (m)	puhelin	[puhelin]

15. Profissões. Estatuto social

diretor (m)	johtaja	[øhtɑjɑ]
superior (m)	päällikkö	[pæːlikkø]
presidente (m)	presidentti	[presidentti]
assistente (m)	apulainen	[ɑpulɑjnen]
secretário (m)	sihteeri	[sihteːri]

proprietário (m)	omistaja	[omistɑjɑ]
parceiro, sócio (m)	partneri	[pɑrtneri]
acionista (m)	osakkeenomistaja	[osɑkkeːn omistɑæ]

homem (m) de negócios	liikemies	[liːikemies]
milionário (m)	miljonääri	[milʰønæːri]
bilionário (m)	miljardööri	[milʰærdøːri]

ator (m)	näyttelijä	[næyttelijæ]
arquiteto (m)	arkkitehti	[ɑrkkitehti]
banqueiro (m)	pankkiiri	[pɑŋkkiːiri]
corretor (m)	välittäjä	[ʋælittæjæ]

veterinário (m)	eläinlääkäri	[eʎæjn læːkɑri]
médico (m)	lääkäri	[læːkæri]
camareira (f)	sisäkkö	[sisækkø]
designer (m)	muotoilija	[muotojlijɑ]
correspondente (m)	kirjeenvaihtaja	[kirʰjeːn ʋɑjhtɑjɑ]
entregador (m)	lähetti	[ʎæhetti]

eletricista (m)	sähkömies	[sæhkømies]
músico (m)	muusikko	[muːsikko]
babysitter (f)	lastenhoitaja	[lɑsten hojtɑjɑ]

cabeleireiro (m)	parturi	[parturi]
pastor (m)	paimen	[pajmen]
cantor (m)	laulaja	[laulaja]
tradutor (m)	kääntäjä	[kæːntæjæ]
escritor (m)	kirjailija	[kirʰjajlija]
carpinteiro (m)	kirvesmies	[kirʋesmies]
cozinheiro (m)	kokki	[kokki]
bombeiro (m)	palomies	[palomies]
polícia (m)	poliisi	[poliːisi]
carteiro (m)	postinkantaja	[postin kantaja]
programador (m)	ohjelmoija	[ohʰjelmoja]
vendedor (m)	myyjä	[myːjæ]
operário (m)	työläinen	[tyøʎæjnen]
jardineiro (m)	puutarhuri	[puːtarhuri]
canalizador (m)	putkimies	[putkimies]
estomatologista (m)	hammaslääkäri	[hammas læːkæri]
hospedeira (f) de bordo	lentoemäntä	[lentoemæntæ]
bailarino (m)	tanssija	[tanssija]
guarda-costas (m)	henkivartija	[heŋkiʋartija]
cientista (m)	tiedemies	[tiedemies]
professor (m)	opettaja	[opettaja]
agricultor (m)	farmari	[farmari]
cirurgião (m)	kirurgi	[kirurgi]
mineiro (m)	kaivosmies	[kajʋosmies]
cozinheiro chefe (m)	keittiömestari	[kejttiø mestari]
condutor (automobilista)	kuljettaja	[kuʎættaja]

16. Desporto

tipo (m) de desporto	urheilulaji	[urhejlulajɪ]
futebol (m)	jalkapallo	[jalka pallo]
hóquei (m)	jääkiekko	[jæː:kækko]
basquetebol (m)	koripallo	[koripallo]
beisebol (m)	pesäpallo	[pesæpallo]
voleibol (m)	lentopallo	[lento pallo]
boxe (m)	nyrkkeily	[nyrkkejly]
luta (f)	taistelu	[tajstelu]
ténis (m)	tennis	[teŋis]
natação (f)	uinti	[ujnti]
xadrez (m)	šakki	[ʃakki]
corrida (f)	juoksu	[juoksu]
atletismo (m)	yleisurheilu	[ylejsurhejlu]
patinagem (f) artística	taitoluistelu	[tajto lujstelu]

ciclismo (m)	pyöräily	[pyøræjly]
bilhar (m)	biljardi	[bilʰjardi]
musculação (f)	kehonrakennus	[kehonrakeŋus]
golfe (m)	golf	[goʌf]
mergulho (m)	sukellus	[sukellus]
vela (f)	purjehdus	[purʰjehdus]
tiro (m) com arco	jousiammunta	[øusiam munta]

tempo (m)	puoliaika	[puoliajka]
intervalo (m)	tauko	[tauko]
empate (m)	tasapeli	[tasapeli]
empatar (vi)	pelata tasan	[pelata tasan]

passadeira (f)	juoksurata	[juoksurata]
jogador (m)	pelaaja	[pela:ja]
jogador (m) de reserva	varamies	[uaramies]
banco (m) de reservas	varamiespenkki	[uaramies peŋkki]

jogo (desafio)	matsi	[matsi]
baliza (f)	maali	[ma:li]
guarda-redes (m)	maalivahti	[ma:liuahti]
golo (m)	maali	[ma:li]

Jogos (m pl) Olímpicos	Olympiakisat	[olympia kisat]
estabelecer um recorde	saavuttaa ennätys	[sa:uutta: eŋætys]
final (m)	loppuottelu	[loppuottelu]
campeão (m)	mestari	[mestari]
campeonato (m)	mestaruuskilpailut	[mestaru:s kilpajlut]

vencedor (m)	voittaja	[uojttaja]
vitória (f)	voitto	[uojtto]
ganhar (vi)	voittaa	[uojtta:]
perder (vt)	hävitä	[ɦæuitæ]
medalha (f)	mitali	[mitali]

primeiro lugar (m)	ensimmäinen sija	[ensimmæjnen sija]
segundo lugar (m)	toinen sija	[tojnen sija]
terceiro lugar (m)	kolmas sija	[kolmas sija]

estádio (m)	stadion	[stadion]
fã, adepto (m)	penkkiurheilija	[peŋkki urhejlija]
treinador (m)	valmentaja	[ualmentaja]
treino (m)	valmennus	[ualmeŋus]

17. Línguas estrangeiras. Ortografia

língua (f)	kieli	[kieli]
estudar (vt)	opiskella	[opiskella]
pronúncia (f)	ääntäminen	[æ:ntæminen]
sotaque (m)	korostus	[korostus]

substantivo (m)	substantiivi	[substanti:iui]
adjetivo (m)	adjektiivi	[adjekti:iui]
verbo (m)	verbi	[uerbi]
advérbio (m)	adverbi	[aduerbi]

pronome (m)	pronomini	[pronomini]
interjeição (f)	interjektio	[interʰjektio]
preposição (f)	prepositio	[prepositio]

raiz (f) da palavra	sanan kanta	[sanan kanta]
terminação (f)	pääte	[pæ:te]
prefixo (m)	etuliite	[etuli:ite]
sílaba (f)	tavu	[tauu]
sufixo (m)	johdin	[øhdin]

acento (m)	paino	[pajno]
ponto (m)	piste	[piste]
vírgula (f)	pilkku	[pilkku]
dois pontos (m pl)	kaksoispiste	[kaksojspiste]
reticências (f pl)	pisteryhmä	[pisteryhmæ]

pergunta (f)	kysymys	[kysymys]
ponto (m) de interrogação	kysymysmerkki	[kysymys merkki]
ponto (m) de exclamação	huutomerkki	[hu:tomerkki]

entre aspas	lainausmerkeissä	[lajnaus merkejssæ]
entre parênteses	sulkumerkeissä	[sulkumerkejssæ]
letra (f)	kirjain	[kirʰjajn]
letra (f) maiúscula	iso kirjain	[iso kirʰjajn]

frase (f)	lause	[lause]
grupo (m) de palavras	sanaliitto	[sana li:itto]
expressão (f)	ilmaisu	[ilmajsu]

sujeito (m)	subjekti	[subʰjekti]
predicado (m)	predikaatti	[predika:tti]
linha (f)	rivi	[riui]
parágrafo (m)	kappale	[kappale]

sinónimo (m)	synonyymi	[synony:mi]
antónimo (m)	antonyymi	[antony:mi]
exceção (f)	poikkeus	[pojkkeus]
sublinhar (vt)	alleviivata	[alleui:iuata]

regras (f pl)	säännöt	[sæ:ŋøt]
gramática (f)	kielioppi	[kielioppi]
léxico (m)	sanasto	[sanasto]
fonética (f)	äänneoppi	[æ:ŋeoppi]
alfabeto (m)	aakkoset	[a:kkoset]

| manual (m) escolar | oppikirja | [oppikirʰja] |
| dicionário (m) | sanakirja | [sanakirʰja] |

guia (m) de conversação	fraasisanakirja	[frɑ:si sɑnɑkirʲɑ]
palavra (f)	sana	[sɑnɑ]
sentido (m)	merkitys	[merkitys]
memória (f)	muisti	[mujsti]

18. A Terra. Geografia

Terra (f)	Maa	[mɑ:]
globo terrestre (Terra)	maapallo	[mɑ:pɑllo]
planeta (m)	planeetta	[plɑne:ttɑ]

geografia (f)	maantiede	[mɑ:ntiede]
natureza (f)	luonto	[luonto]
mapa (m)	kartta	[kɑrttɑ]
atlas (m)	atlas	[ɑtlɑs]

no norte	pohjoisessa	[pohʰøjsessɑ]
no sul	etelässä	[eteʎæssæ]
no oeste	lännessä	[ʎæŋessæ]
no leste	idässä	[idæssæ]

mar (m)	meri	[meri]
oceano (m)	valtameri	[ʋɑltɑmeri]
golfo (m)	lahti	[lɑhti]
estreito (m)	salmi	[sɑlmi]

continente (m)	manner	[mɑŋer]
ilha (f)	saari	[sɑ:ri]
península (f)	niemimaa	[niemimɑ:]
arquipélago (m)	saaristo	[sɑ:risto]

porto (m)	satama	[sɑtɑmɑ]
recife (m) de coral	koralliriutta	[korɑlli riuttɑ]
litoral (m)	merenranta	[merenrɑntɑ]
costa (f)	rannikko	[rɑŋikko]

maré (f) alta	vuoksi	[ʋuoksi]
maré (f) baixa	pakovesi	[pɑkoʋesi]

latitude (f)	leveys	[leʋeys]
longitude (f)	pituus	[pitu:s]
paralela (f)	leveyspiiri	[leʋeyspi:iri]
equador (m)	päiväntasaaja	[pæjʋæntɑsɑ:jɑ]

céu (m)	taivas	[tɑjʋɑs]
horizonte (m)	taivaanranta	[tɑjʋɑ:nrɑntɑ]
atmosfera (f)	ilmakehä	[ilmɑkeɦæ]

montanha (f)	vuori	[ʋuori]
cume (m)	huippu	[hujppu]

| falésia (f) | kallio | [kallio] |
| colina (f) | mäki | [mæki] |

vulcão (m)	tulivuori	[tuliuuori]
glaciar (m)	jäätikkö	[jæ:tikkø]
queda (f) d'água	vesiputous	[uesiputous]
planície (f)	tasanko	[tasaŋko]

rio (m)	joki	[øki]
fonte, nascente (f)	lähde	[ʎæhde]
margem (do rio)	ranta	[ranta]
rio abaixo	myötävirtaan	[myøtæuirta:n]
rio acima	ylävirtaan	[yʎæuirta:n]

lago (m)	järvi	[jærui]
barragem (f)	pato	[pato]
canal (m)	kanava	[kanaua]
pântano (m)	suo	[suo]
gelo (m)	jää	[jæ:]

19. Países do Mundo. Parte 1

Europa (f)	Eurooppa	[euro:ppa]
União (f) Europeia	Euroopan unioni	[euro:pan unioni]
europeu (m)	eurooppalainen	[euro:ppalajnen]
europeu	eurooppalainen	[euro:ppalajnen]

Áustria (f)	Itävalta	[itæualta]
Grã-Bretanha (f)	Iso-Britannia	[isobritaŋia]
Inglaterra (f)	Englanti	[eŋlanti]
Bélgica (f)	Belgia	[belgia]
Alemanha (f)	Saksa	[saksa]

Países (m pl) Baixos	Alankomaat	[alaŋkoma:t]
Holanda (f)	Hollanti	[hollanti]
Grécia (f)	Kreikka	[krejkka]
Dinamarca (f)	Tanska	[tanska]
Irlanda (f)	Irlanti	[irlanti]

Islândia (f)	Islanti	[islanti]
Espanha (f)	Espanja	[espanʰja]
Itália (f)	Italia	[italia]
Chipre (m)	Kypros	[kypros]
Malta (f)	Malta	[malta]

Noruega (f)	Norja	[norʰja]
Portugal (m)	Portugali	[portugali]
Finlândia (f)	Suomi	[suomi]
França (f)	Ranska	[ranska]
Suécia (f)	Ruotsi	[ruotsi]

Suíça (f)	Sveitsi	[svejtsi]
Escócia (f)	Skotlanti	[skotlanti]
Vaticano (m)	Vatikaanivaltio	[vatika:ni valtio]
Liechtenstein (m)	Liechtenstein	[lihtenʃtajn]
Luxemburgo (m)	Luxemburg	[lyksemburg]

Mónaco (m)	Monaco	[monako]
Albânia (f)	Albania	[albania]
Bulgária (f)	Bulgaria	[bulgaria]
Hungria (f)	Unkari	[uŋkari]
Letónia (f)	Latvia	[latvia]

Lituânia (f)	Liettua	[liettua]
Polónia (f)	Puola	[puola]
Roménia (f)	Romania	[romania]
Sérvia (f)	Serbia	[serbia]
Eslováquia (f)	Slovakia	[slovakia]

Croácia (f)	Kroatia	[kroatia]
República (f) Checa	Tšekki	[tʃekki]
Estónia (f)	Viro	[viro]
Bósnia e Herzegovina (f)	Bosnia ja Hertsegovina	[bosnia ja hertsegovina]
Macedónia (f)	Makedonia	[makedonia]

Eslovénia (f)	Slovenia	[slovenia]
Montenegro (m)	Montenegro	[monte negro]
Bielorrússia (f)	Valko-Venäjä	[valko veɲæjæ]
Moldávia (f)	Moldova	[moldova]
Rússia (f)	Venäjä	[veɲæjæ]
Ucrânia (f)	Ukraina	[ukraina]

20. Países do Mundo. Parte 2

Ásia (f)	Aasia	[a:sia]
Vietname (m)	Vietnam	[vjetnam]
Índia (f)	Intia	[intia]
Israel (m)	Israel	[israel]
China (f)	Kiina	[ki:ina]

Líbano (m)	Libanon	[libanon]
Mongólia (f)	Mongolia	[moɲolia]
Malásia (f)	Malesia	[malesia]
Paquistão (m)	Pakistan	[pakistan]
Arábia (f) Saudita	Saudi-Arabia	[saudi arabia]

Tailândia (f)	Thaimaa	[thajma:]
Taiwan (m)	Taiwan	[tajuan]
Turquia (f)	Turkki	[turkki]
Japão (m)	Japani	[japani]
Afeganistão (m)	Afganistan	[afganistan]

Bangladesh (m)	Bangladesh	[baŋladeʃ]
Indonésia (f)	Indonesia	[indonesia]
Jordânia (f)	Jordania	[ørdania]
Iraque (m)	Irak	[irak]
Irão (m)	Iran	[iran]
Camboja (f)	Kambodža	[kambodʒa]
Kuwait (m)	Kuwait	[kuʋajt]
Laos (m)	Laos	[laos]
Mianmar, Birmânia	Myanmar	[myanmar]
Nepal (m)	Nepal	[nepal]
Emirados Árabes Unidos	Arabiemiirikuntien liitto	[arabi emi:iri kuntien li:itto]
Síria (f)	Syyria	[sy:ria]
Palestina (f)	Palestiinalaishallinto	[palesti:inalajs hallinto]
Coreia do Sul (f)	Etelä-Korea	[eteʌæ korea]
Coreia do Norte (f)	Pohjois-Korea	[pohʰøjs korea]
Estados Unidos da América	Yhdysvallat	[yhdys ʋallat]
Canadá (m)	Kanada	[kanada]
México (m)	Meksiko	[meksiko]
Argentina (f)	Argentiina	[argenti:ina]
Brasil (m)	Brasilia	[brasilia]
Colômbia (f)	Kolumbia	[kolumbia]
Cuba (f)	Kuuba	[ku:ba]
Chile (m)	Chile	[ʧile]
Venezuela (f)	Venezuela	[ʋenezuela]
Equador (m)	Ecuador	[ekuador]
Bahamas (f pl)	Bahama	[bahama]
Panamá (m)	Panama	[panama]
Egito (m)	Egypti	[egypti]
Marrocos	Marokko	[marokko]
Tunísia (f)	Tunisia	[tunisia]
Quénia (f)	Kenia	[kenia]
Líbia (f)	Libya	[libya]
África do Sul (f)	Etelä-Afrikka	[eteʌæ afrikka]
Austrália (f)	Australia	[australia]
Nova Zelândia (f)	Uusi-Seelanti	[u:si se:lanti]

21. Tempo. Catástrofes naturais

tempo (m)	sää	[sæ:]
previsão (f) do tempo	sääennuste	[sæ:eŋuste]
temperatura (f)	lämpötila	[ʌæmpøtila]
termómetro (m)	lämpömittari	[ʌæmpømittari]
barómetro (m)	ilmapuntari	[ilmapuntari]

sol (m)	aurinko	[auriŋko]
brilhar (vi)	paistaa	[pɑjstɑ:]
de sol, ensolarado	aurinkoinen	[auriŋkojnen]
nascer (vi)	nousta	[noustɑ]
pôr-se (vp)	laskea	[lɑskeɑ]
chuva (f)	sade	[sɑde]
está a chover	sataa vettä	[sɑtɑ: ʋettæ]
chuva (f) torrencial	kaatosade	[kɑ:tosɑde]
nuvem (f) negra	pilvi	[pilʋi]
poça (f)	lätäkkö	[ʎætækkø]
molhar-se (vp)	kastua	[kɑstuɑ]
trovoada (f)	ukkonen	[ukkonen]
relâmpago (m)	salama	[sɑlɑmɑ]
relampejar (vi)	kimaltaa	[kimɑltɑ:]
trovão (m)	ukkonen	[ukkonen]
está a trovejar	ukkonen jyrisee	[ukkonen yrise:]
granizo (m)	raesade	[rɑesɑde]
está a cair granizo	sataa rakeita	[sɑtɑ: rɑkejtɑ]
calor (m)	helle	[helle]
está muito calor	on kuumaa	[on ku:mɑ:]
está calor	on lämmintä	[on ʎæmmintæ]
está frio	on kylmää	[on kylmæ:]
nevoeiro (m)	sumu	[sumu]
de nevoeiro	sumuinen	[sumujnen]
nuvem (f)	pilvi	[pilʋi]
nublado	pilvinen	[pilʋinen]
humidade (f)	kosteus	[kosteus]
neve (f)	lumi	[lumi]
está a nevar	sataa lunta	[sɑtɑ: luntɑ]
gelo (m)	pakkanen	[pɑkkɑnen]
abaixo de zero	nollan alapuolella	[nollɑn ɑlɑpuolellɑ]
geada (f) branca	huurre	[hu:rre]
mau tempo (m)	koiran ilma	[kojrɑn ilmɑ]
catástrofe (f)	katastrofi	[kɑtɑstrofi]
inundação (f)	tulva	[tulʋɑ]
avalanche (f)	lumivyöry	[lumiʋyøry]
terremoto (m)	maanjäristys	[mɑ:njɑristys]
abalo, tremor (m)	maantärähdys	[mɑ:ntæræhdys]
epicentro (m)	keskus	[keskus]
erupção (f)	purkaus	[purkɑus]
lava (f)	laava	[lɑ:ʋɑ]
tornado (m)	tornado	[tornɑdo]
turbilhão (m)	pyörre	[pyørre]
furacão (m)	hirmumyrsky	[hirmumyrsky]

tsunami (m)	tsunami	[tsunɑmi]
ciclone (m)	sykloni	[sykloni]

22. Animais. Parte 1

animal (m)	eläin	[eʌæjn]
predador (m)	peto	[peto]

tigre (m)	tiikeri	[ti:ikeri]
leão (m)	leijona	[leiønɑ]
lobo (m)	susi	[susi]
raposa (f)	kettu	[kettu]
jaguar (m)	jaguaari	[jɑguɑ:ri]

lince (m)	ilves	[iluves]
coiote (m)	kojootti	[koø:tti]
chacal (m)	sakaali	[sɑkɑ:li]
hiena (f)	hyeena	[hye:nɑ]

esquilo (m)	orava	[orɑuɑ]
ouriço (m)	siili	[si:ili]
coelho (m)	kaniini	[kɑni:ini]
guaxinim (m)	pesukarhu	[pesukɑrhu]

hamster (m)	hamsteri	[hɑmsteri]
toupeira (f)	maamyyrä	[mɑ:my:ræ]
rato (m)	hiiri	[hi:iri]
ratazana (f)	rotta	[rottɑ]
morcego (m)	lepakko	[lepɑkko]

castor (m)	majava	[mɑjɑuɑ]
cavalo (m)	hevonen	[heuonen]
veado (m)	poro	[poro]
camelo (m)	kameli	[kɑmeli]
zebra (f)	seepra	[se:prɑ]

baleia (f)	valas	[uɑlɑs]
foca (f)	hylje	[hylʰje]
morsa (f)	mursu	[mursu]
golfinho (m)	delfiini	[delfi:ini]

urso (m)	karhu	[kɑrhu]
macaco (em geral)	apina	[ɑpinɑ]
elefante (m)	norsu	[norsu]
rinoceronte (m)	sarvikuono	[sɑruikuono]
girafa (f)	kirahvi	[kirɑhui]

hipopótamo (m)	virtahepo	[uirtɑ hepo]
canguru (m)	kenguru	[keɲuru]
gata (f)	kissa	[kissɑ]

cão (m)	koira	[kojra]
vaca (f)	lehmä	[lehmæ]
touro (m)	sonni	[soɳi]
ovelha (f)	lammas	[lammas]
cabra (f)	vuohi	[ʋuohi]
burro (m)	aasi	[ɑ:si]
porco (m)	sika	[sika]
galinha (f)	kana	[kana]
galo (m)	kukko	[kukko]
pato (m), pata (f)	ankka	[aŋkka]
ganso (m)	hanhi	[hanhi]
perua (f)	naaraskalkkuna	[nɑ:raskalkkuna]
cão pastor (m)	paimenkoira	[pajmeŋkojra]

23. Animais. Parte 2

pássaro, ave (m)	lintu	[lintu]
pombo (m)	kyyhky	[ky:hky]
pardal (m)	varpunen	[ʋarpunen]
chapim-real (m)	tiainen	[tiajnen]
pega-rabuda (f)	harakka	[harakka]
águia (f)	kotka	[kotka]
açor (m)	haukka	[haukka]
falcão (m)	haukka	[haukka]
cisne (m)	joutsen	[øutsen]
grou (m)	kurki	[kurki]
cegonha (f)	haikara	[hajkara]
papagaio (m)	papukaija	[papukaija]
pavão (m)	riikinkukko	[ri:ikiŋkukko]
avestruz (f)	strutsi	[strutsi]
garça (f)	haikara	[hajkara]
rouxinol (m)	satakieli	[satakieli]
andorinha (f)	pääskynen	[pæ:skynen]
pica-pau (m)	tikka	[tikka]
cuco (m)	käki	[kæki]
coruja (f)	pöllö	[pøllø]
pinguim (m)	pingviini	[piɳʋi:ini]
atum (m)	tonnikala	[toɳikala]
truta (f)	lohi	[lohi]
enguia (f)	ankerias	[aŋkerias]
tubarão (m)	hai	[haj]
caranguejo (m)	taskurapu	[taskurapu]
medusa, alforreca (f)	meduusa	[medu:sa]

polvo (m)	meritursas	[meritursɑs]
estrela-do-mar (f)	meritähti	[meritæhti]
ouriço-do-mar (m)	merisiili	[merisi:ili]
cavalo-marinho (m)	merihevonen	[merihevonen]
camarão (m)	katkarapu	[kɑtkɑrɑpu]

serpente, cobra (f)	käärme	[kæ:rme]
víbora (f)	kyy	[ky:]
lagarto (m)	sisilisko	[sisilisko]
iguana (f)	iguaani	[iguɑ:ni]
camaleão (m)	kameleontti	[kameleontti]
escorpião (m)	skorpioni	[skorpioni]

tartaruga (f)	kilpikonna	[kilpikoŋɑ]
rã (f)	sammakko	[sɑmmɑkko]
crocodilo (m)	krokotiili	[krokoti:ili]

inseto (m)	hyönteinen	[hyøntejnen]
borboleta (f)	perhonen	[perhonen]
formiga (f)	muurahainen	[mu:rɑhɑjnen]
mosca (f)	kärpänen	[kærpænen]

mosquito (m)	hyttynen	[hyttynen]
escaravelho (m)	kovakuoriainen	[kovɑkuoriɑjnen]
abelha (f)	mehiläinen	[mehiʎæjnen]
aranha (f)	hämähäkki	[ɦæmæɦækki]

24. Árvores. Plantas

árvore (f)	puu	[pu:]
bétula (f)	koivu	[kojʋu]
carvalho (m)	tammi	[tɑmmi]
tília (f)	lehmus	[lehmus]
choupo-tremedor (m)	haapa	[hɑ:pɑ]

bordo (m)	vaahtera	[ʋɑ:htera]
espruce-europeu (m)	kuusi	[ku:si]
pinheiro (m)	mänty	[mænty]
cedro (m)	setri	[setri]

choupo, álamo (m)	poppeli	[poppeli]
tramazeira (f)	pihlaja	[pihlɑjɑ]
faia (f)	pyökki	[pyøkki]
ulmeiro (m)	jalava	[jɑlɑʋɑ]

freixo (m)	saarni	[sɑ:rni]
castanheiro (m)	kastanja	[kɑstɑnʰjɑ]
palmeira (f)	palmu	[pɑlmu]
arbusto (m)	pensas	[pensɑs]
cogumelo (m)	sieni	[sieni]

cogumelo (m) venenoso	myrkkysieni	[myrkkysieni]
cepe-de-bordéus (m)	herkkutatti	[herkkutatti]
rússula (f)	hapero	[hapero]
agário-das-moscas (m)	kärpässieni	[kærpæssieni]
cicuta (f) verde	myrkkysieni	[myrkkysieni]

flor (f)	kukka	[kukka]
ramo (m) de flores	kukkakimppu	[kukkakimppu]
rosa (f)	ruusu	[ru:su]
tulipa (f)	tulppani	[tulppani]
cravo (m)	neilikka	[nejlikka]

camomila (f)	päivänkakkara	[pæjuæn kakkara]
cato (m)	kaktus	[kaktus]
lírio-do-vale (m)	kielo	[kielo]
campânula-branca (f)	lumikello	[lumikello]
nenúfar (m)	lumme	[lumme]

estufa (f)	ansari	[ansari]
relvado (m)	nurmikko	[nurmikko]
canteiro (m) de flores	kukkapenkki	[kukka peŋkki]

planta (f)	kasvi	[kasui]
erva (f)	ruoho	[ruoho]
folha (f)	lehti	[lehti]
pétala (f)	terälehti	[teræ lehti]
talo (m)	varsi	[uarsi]
broto, rebento (m)	itu	[itu]

cereais (plantas)	viljat	[uilʰjat]
trigo (m)	vehnä	[uehɲæ]
centeio (m)	ruis	[rujs]
aveia (f)	kaura	[kaura]

milho-miúdo (m)	hirssi	[hirssi]
cevada (f)	ohra	[ohra]
milho (m)	maissi	[majssi]
arroz (m)	riisi	[ri:isi]

25. Várias palavras úteis

ajuda (f)	apu	[apu]
base (f)	pohja	[pohʰja]
categoria (f)	kategoria	[kategoria]
coincidência (f)	yhteensattuma	[yhte:nsattuma]

começo (m)	alku	[alku]
comparação (f)	vertailu	[uertajlu]
desenvolvimento (m)	kehitys	[kehitys]
diferença (f)	erotus	[erotus]

efeito (m)	teho	[teho]
elemento (m)	aines	[ɑjnes]
equilíbrio (m)	tase	[tase]
erro (m)	erehdys	[erehdys]
esforço (m)	ponnistus	[poɲistus]
estilo (m)	tyyli	[ty:li]
exemplo (m)	esimerkki	[esimerkki]
facto (m)	tosiasia	[tosiɑsiɑ]
forma (f)	muoto	[muoto]
género (tipo)	laji	[lɑjı]
grau (m)	aste	[ɑste]
ideal	ihanne	[ihɑɲe]
mistério (m)	salaisuus	[sɑlɑjsu:s]
modo (m)	keino	[kejno]
momento (m)	hetki	[hetki]
obstáculo (m)	este	[este]
padrão	standardi-	[stɑndɑrdi]
paragem (pausa)	väliaika	[ʋæliɑjkɑ]
parte (f)	osa	[osɑ]
pausa (f)	tauko	[tɑuko]
posição (f)	asema	[ɑsemɑ]
problema (m)	ongelma	[oɲelmɑ]
processo (m)	prosessi	[prosessi]
progresso (m)	edistys	[edistys]
propriedade (f)	ominaisuus	[ominɑjsu:s]
reação (f)	reaktio	[reɑktio]
risco (m)	riski	[riski]
ritmo (m)	tempo	[tempo]
série (f)	sarja	[sarʰjɑ]
sistema (m)	järjestelmä	[jærʰjestelmæ]
situação (f)	tilanne	[tilɑɲe]
solução (f)	ratkaisu	[rɑtkɑjsu]
tabela (f)	taulukko	[tɑulukko]
termo (ex. ~ técnico)	termi	[termi]
urgente	pikainen	[pikɑjnen]
utilidade (f)	hyöty	[hyøty]
variante (f)	toisinto	[tojsinto]
variedade (f)	valikoima	[ʋɑli kojmɑ]
verdade (f)	tosiasia	[tosiɑsiɑ]
vez (f)	vuoro	[uuoro]
zona (f)	vyöhyke	[ʋyøhyke]

26. Modificadores. Adjetivos. Parte 1

aberto	avoin	[avojn]
afiado	terävä	[teræuæ]
alto (ex. voz ~a)	äänekäs	[æ:nekæs]
amargo	karvas	[karuɑs]
amplo	avara	[auɑrɑ]

antigo	muinainen	[mujnɑjnen]
arriscado	riskialtis	[riskiɑltis]
artificial	keinotekoinen	[kejnotekojnen]
azedo	hapan	[hapɑn]

baixo (voz ~a)	hiljainen	[hilʰjɑjnen]
bonito	kaunis	[kɑunis]
bronzeado	ruskettunut	[ruskettunut]
burro, estúpido	tyhmä	[tyhmæ]

cego	sokea	[sokeɑ]
central	keskeinen	[keskejnen]
cheio (ex. copo ~)	täysi	[tæysi]
clandestino	maanalainen	[mɑ:nɑlɑjnen]

compatível	yhteen sopiva	[yhte:n sopiuɑ]
comum, normal	tavallinen	[tauɑllinen]
congelado	jäädytetty	[jæ:dytetty]
contente	tyytyväinen	[ty:tyuæjnen]

contínuo	pitkäaikainen	[pitkæ ɑjkɑjnen]
contrário (ex. o efeito ~)	vastakkainen	[uɑstakkɑjnen]
cru (não cozinhado)	raaka	[rɑ:kɑ]
curto	lyhyt	[lyhyt]
denso (fumo, etc.)	tiivis	[ti:iuis]

difícil	vaikea	[uɑjkeɑ]
direito	oikeistolainen	[ojkejstolɑjnen]
doce (açucarado)	makea	[mɑkeɑ]
doce (água)	makea	[mɑkeɑ]
doente	sairas	[sɑjrɑs]

duro (material ~)	kova	[kouɑ]
educado	kohtelias	[kohtelias]
enigmático	arvoituksellinen	[aruojtuksellinen]
enorme	valtava	[uɑltɑuɑ]
especial	erikoinen	[erikojnen]

esquerdo	vasen	[uɑsen]
estreito	kapea	[kɑpeæ]
exato	tarkka	[tɑrkkɑ]
excelente	mainio	[mɑjnio]
excessivo	liiallinen	[li:iɑllinen]

externo	ulkonainen	[ulkonɑjnen]
fácil	helppo	[helppo]
feliz	onnellinen	[oŋellinen]
fértil (terreno ~)	hedelmällinen	[hedelmællinen]

forte (pessoa ~)	voimakas	[ʋojmɑkɑs]
frágil	hauras	[hɑurɑs]
gostoso	maukas	[mɑukɑs]
grande	iso	[iso]
gratuito, grátis	ilmainen	[ilmɑjnen]

27. Modificadores. Adjetivos. Parte 2

imóvel	liikkumaton	[liːikkumɑton]
importante	tärkeä	[tærkeæ]
infantil	lasten-	[lɑsten]
inteligente	älykäs	[ælykæs]
interno	sisäinen	[sisæjnen]

legal	laillinen	[lɑːjlinen]
leve	kevyt	[keʋyt]
limpo	puhdas	[puhdɑs]
líquido	nestemäinen	[nestemæønen]
liso	sileä	[sileæ]

longo (ex. cabelos ~s)	pitkä	[pitkæ]
maduro (ex. fruto ~)	kypsä	[kypsæ]
mate, baço	himmeä	[himmeæ]
mau	huono	[huono]
mole	pehmeä	[pehmeæ]

morto	kuollut	[kuollut]
não difícil	helppo	[helppo]
não é clara	epäselvä	[epæseluæ]
natal (país ~)	kotoinen	[kotojnen]
negativo	kielteinen	[kieltejnen]

normal	normaalinen	[normaːlinen]
novo	uusi	[uːsi]
obrigatório	pakollinen	[pɑkollinen]
original	alkuperäinen	[ɑlkuperæjnen]
passado	viime	[ʋiːime]

pequeno	pieni	[pæni]
perigoso	vaarallinen	[ʋɑːrɑlinen]
pessoal	yksityinen	[yksityjnen]
pobre	köyhä	[køyhæ]
possível	mahdollinen	[mɑhdollinen]
pouco fundo	matala	[mɑtɑlɑ]
primeiro (principal)	perus-	[perus]

principal	pää-	[pæ:]
provável	todennäköinen	[todeŋækøjnen]
rápido	nopea	[nopeɑ]

raro	harvinainen	[hɑrʋinɑjnen]
reto	suora	[suorɑ]
seguinte	seuraava	[seurɑːʋɑ]
similar	näköinen	[ɲækøjnen]
soberbo	mainio	[mɑjnio]

social	yhteiskunnallinen	[yhtejskuɲɑlinen]
sólido	vahva	[ʋɑhʋɑ]
sujo	likainen	[likɑjnen]
suplementar	lisä-	[lisæ]

triste (um ar ~)	surullinen	[surullinen]
último	viimeinen	[ʋiːimejnen]
usado	käytetty	[kæutetty]
vazio (meio ~)	tyhjä	[tyhʰjæ]
velho	vanha	[ʋɑnhɑ]

28. Verbos. Parte 1

abrir (vt)	avata	[aʋɑtɑ]
acabar, terminar (vt)	lopettaa	[lopetta:]
acusar (vt)	syyttää	[sy:ttæ:]
agradecer (vt)	kiittää	[kiːlttæ:]
ajudar (vt)	auttaa	[autta:]
almoçar (vi)	syödä päivällistä	[syødæ pæjuællistæ]

alugar (~ um apartamento)	vuokrata	[uuokrɑtɑ]
amar (vt)	rakastaa	[rɑkɑstɑ:]
anular, cancelar (vt)	peruuttaa	[peru:tta:]
anunciar (vt)	ilmoittaa	[ilmojtta:]
apagar, eliminar (vt)	poistaa	[pojstɑ:]
apanhar (vt)	ottaa kiinni	[otta: kiːiɲi]

arrumar, limpar (vt)	siivota	[siːiʋotɑ]
assinar (vt)	allekirjoittaa	[allekirʰojtta:]
atirar, disparar (vi)	ampua	[ampuɑ]
bater (espancar)	lyödä	[lyødæ]
bater-se (vp)	tapella	[tapellɑ]
beber, tomar (vt)	juoda	[juodɑ]

brincar (vi)	laskea leikkiä	[lɑskeɑ lejkkiæ]
brincar, jogar (crianças)	leikkiä	[lejkkiæ]
caçar (vi)	metsästää	[metsæstæ:]
cair (vi)	kaatua	[kɑ:tuɑ]
cantar (vi)	laulaa	[lɑulɑ:]
cavar (vt)	kaivaa	[kɑjuɑ:]

cessar (vt)	lakata	[lakata]
chegar (vi)	saapua	[sa:pua]
chorar (vi)	itkeä	[itkeæ]
começar (vt)	alkaa	[alka:]

comer (vt)	syödä	[syødæ]
comparar (vt)	verrata	[verrata]
comprar (vt)	ostaa	[osta:]
compreender (vt)	ymmärtää	[ymmærtæ:]
confiar (vt)	luottaa	[luotta:]

confirmar (vt)	vahvistaa	[vahvista:]
conhecer (vt)	tuntea	[tuntea]
construir (vt)	rakentaa	[rakenta:]
contar (fazer contas)	laskea	[laskea]
contar (vt)	kertoa	[kertoa]
contar com (esperar)	luottaa	[luotta:]

convidar (vt)	kutsua	[kutsua]
copiar (vt)	kopioida	[kopiojda]
correr (vi)	juosta	[juosta]
crer (vt)	uskoa	[uskoa]
criar (vt)	luoda	[luoda]
custar (vt)	maksaa	[maksa:]

29. Verbos. Parte 2

dançar (vi)	tanssia	[tanssia]
dar (vt)	antaa	[anta:]
decidir (vt)	päättää	[pæ:ttæ:]
deixar cair (vt)	pudottaa	[pudotta:]
depender de ... (vi)	riippua	[ri:ippua]

desaparecer (vi)	kadota	[kadota]
desculpar (vt)	antaa anteeksi	[anta: ante:ksi]
desculpar-se (vp)	pyytää anteeksi	[py:tæ: ante:ksi]
desligar (vt)	katkaista	[katkajsta]
desprezar (vt)	halveksia	[halveksia]

discutir (notícias, etc.)	käsitellä	[kæsiteʎæ]
divorciar-se (vp)	erota	[erota]
dizer (vt)	sanoa	[sanoa]
duvidar (vt)	epäillä	[epæjʎæ]
encontrar (achar)	löytää	[løytæ:]

encontrar-se (vp)	tavata	[tavata]
enganar (vt)	pettää	[pettæ:]
enviar (uma carta)	lähettää	[ʎæhettæ:]
errar (equivocar-se)	erehtyä	[erehtyæ]
escolher (vt)	valita	[valita]

esconder (vt)	piilotella	[piːilotella]
escrever (vt)	kirjoittaa	[kirʰojttɑ:]
esperar (o autocarro, etc.)	odottaa	[odottɑ:]
esperar (ter esperança)	toivoa	[tojʋoɑ]
esquecer (vi, vt)	unohtaa	[unohtɑ:]

estar ausente	olla poissa	[ollɑ pojssɑ]
estar com pressa	kiirehtiä	[kiːirehtiæ]
estar com pressa	kiirehtiä	[kiːirehtiæ]
estar de acordo	suostua	[suostuɑ]
estudar (vt)	oppia	[oppiɑ]

exigir (vt)	vaatia	[ʋɑːtiɑ]
existir (vi)	olla olemassa	[ollɑ olemɑssɑ]
explicar (vt)	selittää	[selittæ:]
falar (vi)	keskustella	[keskustellɑ]
falar com ...	puhua	[puhuɑ]

faltar (clases, etc.)	olla poissa	[ollɑ pojssɑ]
fazer (vt)	tehdä	[tehdæ]
fazer, preparar (vt)	laittaa ruokaa	[lɑjttɑ: ruokɑ:]
fechar (vt)	sulkea	[sulkeɑ]
felicitar (vt)	onnitella	[oɲitellɑ]

ficar cansado	väsyä	[ʋæsyæ]
gostar (apreciar)	pitää	[pitæ:]
gritar (vi)	huutaa	[huːtɑ:]
guardar (cartas, etc.)	säilyttää	[sæjlyttæ:]
insistir (vi)	pysyä kannassaan	[pysyæ kɑɲɑssɑ:n]

insultar (vt)	loukata	[loukɑtɑ]
ir (a pé)	mennä	[meɲæ]
jantar (vi)	illastaa	[illɑstɑ:]
ler (vt)	lukea	[lukeɑ]
ligar (vt)	sytyttää	[sytyttæ:]

30. Verbos. Parte 3

matar (vt)	murhata	[murhɑtɑ]
mergulhar (vi)	sukeltaa	[sukeltɑ:]
morrer (vi)	kuolla	[kuollɑ]
mostrar (vt)	näyttää	[ɲæyttæ:]
mudar (modificar)	muuttaa	[muːttɑ:]

nadar (vi)	uida	[ujdɑ]
nascer (vi)	syntyä	[syntyæ]
negar (vt)	kieltää	[kjeltæ:]
obedecer (vt)	alistua	[ɑlistuɑ]
odiar (vt)	vihata	[ʋihɑtɑ]
olhar para ...	katsoa	[kɑʦoɑ]

ouvir (vt)	kuulla	[ku:llɑ]
pagar (vt)	maksaa	[mɑksɑ:]
participar (vi)	osallistua	[osɑllistuɑ]
pegar (tomar)	ottaa	[ottɑ:]
pensar (vt)	ajatella	[ɑjɑtellɑ]
perder	kadottaa	[kɑdottɑ:]
(o guarda-chuva, etc.)		
perdoar (vt)	antaa anteeksi	[ɑntɑ: ɑnte:ksi]
perguntar (vt)	kysyä	[kysyæ]
permitir (vt)	antaa lupa	[ɑntɑ: lupɑ]
pertencer (vt)	kuulua	[ku:luɑ]
perturbar (vt)	häiritä	[hæjritæ]
poder (v aux)	voida	[ʋojdɑ]
poder (v aux)	voida	[ʋojdɑ]
prever (vt)	nähdä ennakolta	[ɲæhdæ eŋɑkoltɑ]
proibir (vt)	kieltää	[kjeltæ:]
prometer (vt)	luvata	[luʋɑtɑ]
propor (vt)	ehdottaa	[ehdottɑ:]
provar (vt)	todistaa	[todistɑ:]
quebrar (vt)	rikkoa	[rikkoɑ]
queixar-se (vp)	valittaa	[ʋɑlittɑ:]
querer (desejar)	haluta	[hɑlutɑ]
receber (vt)	saada	[sɑ:dɑ]
repetir (dizer outra vez)	toistaa	[tojstɑ:]
reservar (~ um quarto)	reservoida	[reserʋojdɑ]
responder (vt)	vastata	[ʋɑstɑtɑ]
rezar, orar (vi)	rukoilla	[rukojllɑ]
roubar (vt)	varastaa	[ʋɑrɑstɑ:]
saber (vt)	tietää	[tietæ:]
salvar (vt)	pelastaa	[pelɑstɑ:]
secar (vt)	kuivata	[kujʋɑtɑ]
sentar-se (vp)	istua	[istuɑ]
sorrir (vi)	hymyillä	[hymyjʎæ]
tentar (vt)	yrittää	[yrittæ:]
ter (vt)	omistaa	[omistɑ:]
ter medo	pelätä	[peʎætæ]
terminar (vt)	lopettaa	[lopettɑ:]
tomar o pequeno-almoço	syödä aamiaista	[syødæ ɑ:miɑjstɑ]
trabalhar (vi)	työskennellä	[tyøskeɲeʎæ]
traduzir (vt)	kääntää	[kæ:ntæ:]
vender (vt)	myydä	[my:dæ]
ver (vt)	nähdä	[ɲæhdæ]
verificar (vt)	tarkastaa	[tɑrkɑstɑ:]
virar (ex. ~ à direita)	kääntää	[kæ:ntæ:]
voar (vi)	lentää	[lentæ:]

www.ingramcontent.com/pod-product-compliance
Lightning Source LLC
Chambersburg PA
CBHW060029050426
42448CB00012B/2917